NIKKEI BUNKO
日経文庫

ビジネスマンのための
国語力トレーニング

出口 汪

日本経済新聞出版社

はじめに　国語で伸ばす文章力

私たちは毎日日本語で会話し、日本語の文章を書いたり読んだりしています。ほとんどの人はそれで不自由していることはないと思いますが、「読む」「聞く」「話す」に比べて、「書く」ときだけはつい構えてしまう、書くのは苦手だという人は多いのではないでしょうか。

というのは、「書く」際には、心に浮かんだことをそのまま言葉にするのではなく、論理的に組み立てる力が必要になるからです。論理力とは、「一文を作るルール」と「文と文をつなぐルール」を理解して正しく使う力、すなわち国語力に他なりません。

かといって、国語を一から学ぶ必要はないのです。なぜなら、みなさんはすでに学校で国語という教科を学習ずみなのですから。学校で学んだ国語の「文法」は、暗記するだけの約束事ではなく、言葉や文という要素をつなぎ、論理を組み立てるための重要なツールなのです。

ただし、せっかく学習した国語を実践の場で使っていないために、その国語力はすっかりさびついたものとなっているかもしれません。それではあまりにもったいない。

そこで、本書では国語のルールを一つ一つ取り出して、実際に文章を書くときに威力を発揮する武器となるように、「問題練習」を通してトレーニングをしていきます。

私たちは生涯にわたって日本語を使って生活します。人の営みとは、話をし、文章を読み、ものを考え、文章を書くといったことの繰り返しにすぎません。これらの営みすべてに日本語が中核を担っています。

日本語の使い方には共通のルールがあります。そのルールを意識することで、最も早く、しかも、確実に正確な文章が書けるようになるはずです。

目次

9 文章力に差をつける助動詞と助詞……141

contents

1

話すように書かない

なぜ国語を十年以上学ぶのか？

国語って何でしょうか？

小学一年生から始まり高校三年まで、たいていの日本人は十二年間も「国語」という科目を学習してきました。国語は授業時間数でもいちばん多かったかもしれません。そのうえに、塾や予備校で国語の授業を長時間受けてきた人もいるでしょう。みなさんはそれほどの時間を国語という科目に費やしてきましたが、その国語を今のビジネスや日常生活の中で十分に生かし切れているでしょうか？

そもそも何のために国語を学ぶのでしょう？

多くの人たちは国語とは「日本語」を学ぶ教科と考えているのかもしれません。私たちが中学生や高校生だったころ、英語は話せないし、読むことも、ましてや書くことなどとうていできなかったので、英語という科目は、それなりに必要性を感じていたでしょう。

ところが、私たちは特に教わらなくても日本語を話せるし、ひらがなや漢字さえ分かれば日本語の文章を読むこともでき、文章を書くこともできます。それなら、国語は少なくとも英語と同じ意味で、日本語の教科としてこれほどの時間をかけて学ぶ必要はないはずです。

国語は何を学習する教科なのか、いったい何のために必要なのか、それさえ教える側も教えられる側も明確にせずに、私たちは小学校から十数年間も、多くの時間を費やし、国語の学習を強いられてきました。

国語は実は二つの科目である

国語が役に立たない科目となったのには、明確な理由があります。

国語の中に、相反する二つの方向性のベクトルが、教える側にも教えられる側にも無自覚なままに混在してしまっているからなのです。

その二つとは、

①正解を探す問題

②正解がない問題

です。

国語の現状とは、この相反する問題を解く能力を漠然と鍛えようとしていることから生じている混乱だと言えます。いや、混乱していることさえ自覚されていないのが実際のところでしょう。

だから、私はいっそのこと国語を二つに解体した方がいいと思うのです。
①は外国人が日本語を学ぶときのような「日本語の能力」ではなく、「日本語で文章を論理的に読み取り、論理的に考え、論理的に表現する能力」です。国語が論理の教科である限り、一人一人の感受性や価値観にかかわらず、誰もが正しいとする答えがあり、それを正しい方法で探し出すことができます。
多くの国語の教師は論理の問題を文学鑑賞と同様の教え方をしてしまい、そのために子どもたちに必要な論理的な学力を養成することができなくなってしまったのです。
②は文学や哲学など、西洋の教養的なものです。人生や世の中を深く思考する能力を思春期に鍛え、正解のないものを追求することの大切さ、面白さを教えなければなりません。
この相反する二つが国語という科目の中で混在しているので、国語は曖昧なよく分からない科目となってしまったのです。

私は、国語を論理と教養とに分解し、論理は日本語を論理的に使う訓練、教養は文学・哲学で、それぞれ別の教師が教えればより効果的だと考えています。

そして、大切なことは、①を前提として、初めて②が成り立つということです。文章を正確に、深く読み取ってこそ、その次に鑑賞や思索が可能になります。誤読のうえにはいかなる鑑賞も思索も成り立ちません。

逆に言うと、いい文章であるならば、それを深く理解すれば、誰もが自ずとそれについて考えさせられてしまうものです。その文章に刺激され、自分の意見を誰かに伝えたくて仕方がなくなるはずです。

実際、現代文の講義で私が教壇から下りた瞬間、一斉に受講生たちが興奮した口調で各自互いの意見を交換するという、一種独特の熱気で教室が満たされたことがありました。そもそも文章を表面的にしか理解していなければ、その面白みは理解できません。ただ点数が取れたかどうかの興味で終わってしまい、自分の世界観を揺さぶる起爆剤として活用できないのです。

十二年間の国語の学習が実生活において役に立っていないのは、何も国語という科目のあり方が曖昧であったことだけが原因ではありません。

実は国語ほど人生において役立つ武器はないのですが、ほとんどの人がそれを実際に十分活用していません。

国語とは論理的に文章を読み取り（①）、そのうえで答えのない問題を深く考察する（②）

科目です。ただし、これまで学校の国語の試験は①の能力しか試すことがなかったために、②が軽視されがちでした（①に加えて②の能力を試そうとしているのが「小論文」です）。

実際にトレーニングに入る前に、最低限知っておいてほしいことがあります。まずは本書の方針を説明したうえで、個々の実践的なトレーニングに入っていきます。

ただし本書は文学的な文章を書くためのものではなく、レポート、企画書、メールなどのビジネス文書、ブログや小論文などで、日本語として正しく、しかも読みやすい文章を書くためのものです。

話すように書いてはいけない

よく学校の先生が生徒に向かって「話すように書いてみなさい」といった指導をする場合があります。

もちろん、文章を書くことに苦痛を感じている生徒に、もっと肩の力を抜いて、気楽に書くことができるようにといった配慮から生じた発言でしょうが、「話すこと」と「書くこと」

は決定的に違うものであり、その違いを理解していないと、正確な文章を書くことができなくなります。

文章は誰にも見せることのない日記やメモなどの例外を除いて、基本的には誰かに読んでもらうために書くものです。それを前提にすると、「話すこと」と「書くこと」は大きく次の三点で異なります。

文章は会話できない

会話は一人では成立しません。相づちを打ってくれる相手が必要です。その相手はときには質問をしてくれたり、微笑んでくれたりします。会話はそうやって二人、あるいは複数の人間が作り上げるものです。

それに対して、文章は書き手が独力で完成させるものです。もし、その文章が分かりにくかったとしても、聞き返してくれる人はどこにもいません。文章は完成品としてあなたの手を離れ、それを誰がどのような読み方をするのか、あなたにはコントロールできません。

だから、「話すように書く」とはならないのです。

文章は修正がきかない

会話はたとえ間違ったことを言ってもそれを修正することができるし、相手もいつでも聞き返すことができます。相手の表情や反応を見て、会話の方向性を軌道修正することができるし、ときには間を取ったり、話題を変えたりします。つまり、会話は未完成のまま提出され、未完成のまま消えていくものなのです。

ところが、文章はひとたびメールやブログ、企画書などで、あなたの手を離れたら、それは完成品として提出され、あなたはそれを修正することも困難になります。

あなたの文章はあなたの知らないところでコピーされ、ファックスされるかもしれません。そして、それをあなたの知らない人が読むことになるのです。

だから、「話すように書く」とはなりません。

文章には他の手がかりがない

会話では同じ内容でも、そのときのあなたの声の大きさ、調子、抑揚などで、相手への伝わり方が大きく異なります。

微笑んで話したのか、深刻な表情で話したのかでも、相手の受ける印象は大きく異なります。分かりにくいときは身振り、手振りを補助手段として使うこともできるのです。ときには紙に何かを書いて説明するなど、補助手段はいくらでもあるのです。

ところが、文章にはそれがありません。読み手にあなたが微笑みかけることも、ジェスチャーを使うことも当然できないのです。すべては文章の中で表現しなければなりません。

特にパソコンなどで書いた文章は、ひとたび公表すれば完全にあなたの手元を離れ、完成品として多くの他者の目に触れることになります。

だから、「話すように書く」とはならないのです。

他者を意識する

一人一人、体験も教養も、考え方も感性も異なります。

たとえば風景一つを取ってみても、誰もが同じ風景を見ているわけではありません。それぞれ、そのときどきで変化する網膜に映った映像を見ているにすぎないのです。

だから、私たちはたとえ親子の間でも、そう簡単には分かり合うことができません。歯の痛み一つ取っても、それを正確に相手に伝えることは困難です。別個の人間ゆえに、そう簡単に分かり合えないと自覚したとき、私たちの中に他者意識が自ずと芽生えます。

人は人の話を聞くときでも、自分の主観でそれを再解釈しています。文章を読むときも主観というフィルターを通しているために、同じテキストでもそれぞれの理解の仕方は異なってくるのです。書く側は、そのことをつねに意識する必要があります。

言葉の共通の規則

私たちがそう簡単には分かり合えないと思ったとき、それでも相手とたとえ細い糸であっても互いに理解し合いたいと願ったとき、私たちは言葉の共通の規則を頼りにするしかありません。

その規則には、二種類あります。

一つは日本語の規則です。文法というと無味乾燥なものを暗記させられたという記憶があるかもしれませんが、誰にも通じる日本語の規則を使っているから、私たちは互いに日本語でコミュニケーションをすることが可能なのです。

もう一つは、論理という規則。

論理という手段を駆使することで、私たちは一人一人異なる感覚を超えて、不特定多数の他者に対して、ある程度正確に自分の主張を伝えることができるのです。私たちは生涯にわたって日本語でものを考える以上、日本語を論理的に使う技術を習得する必要があるのです。

国語という教科は本来そういった明確な目的があるにもかかわらず、いつのまにかそうした目的は忘れられ、なんとなく教えられるものとなってしまいました。

文章は才能でなく技術

本格的なトレーニングに入る前に、一つだけ確認しておかなければならないことがあります。

正確な文章を書こうと思っても、最初からそう簡単に書けるものではありません。ましてや勢いで書いた文章ならば、プロでもときには間違いを犯してしまうことがあります。あまり肩に力を入れすぎないで好きなように書いた方が、逆にいい文章が書けることも多いようです。

ただし、メールでもブログでも不特定多数の人の目に触れる可能性がある以上、言葉の規則に違反してはいけません。そこで重要になるのが推敲の技術です。推敲の際に自分で間違いに気がつき、修正を加えられなければなりません。逆にそうした推敲の技術さえあれば、文章を書くことを恐れる必要はなくなります。

問題は、その推敲の技術です。たいていの人は何となくふだんの自分の感覚に頼って「この方がよさそうだ」と書き換えるだけで満足しがちです。ですがそれだけでは、推敲したとは言えないのです。推敲とは、内容に加え、日本語の規則に違反していないかを確認し、修正することが必要です。日本語の規則を知り、規則に従って日本語を扱う技術を習得していなければならないのです。

ここで推敲の「技術」と言ったのは、これは特別な能力ではなく、正しい訓練さえつめば、誰でも習得できる力だからです。それが本来高校までで修得すべき国語力の一つなのです。

本来の国語力があれば、正確で論理的な文章が書けるだけでなく、推敲するときもすぐに間違いに気がつき、修正することができるようになります。この国語力とは、日本語の文章を正しく読む力であり、また正しく書くことができる力です。そして、さまざまな情報を発信していかなければならないこの時代にこそ、この国語力が何よりも必要とされるのです。

本書では、これまで日常生活ではほとんど顧みられることのない日本語の規則を一つ一つ取り出し、それを自在に使いこなせるように、さまざまな練習問題を用意しました。

あなたの文章は見られている

印刷技術が発達していない時代は、文章を書くとは、すなわち「個人が個人に向けて書く」ということでした。

和歌は恋する人に贈るものでした。自然を詠んだ歌であっても、それは人前で音読する、まさに歌だったのです。「源氏物語」は紫式部が仕える中宮彰子、そして仲間の女房たちに向けて書かれたものであり、「平家物語」は琵琶法師が聴衆に語ったものです。

江戸時代に入り、活版印刷の技術が広まったとき、日本語は大きく変貌を遂げます。文章は特定の個人ではなく、不特定多数の読者に向けて書かれるようになったのです。

さらに今は、情報化時代。明治維新以上の社会的地殻変動とともに、書くという行為もこれまでのものとは大きく異なってきました。

かつては文章が活字になるというのは、作家や記者などのプロの文章家だけの特権でした。一般の人たちは手紙や日記など、自分や特定の相手に対して書くだけで、不特定多数の読み手に向けて文章を書くことなど到底あり得なかったのです。

今やメールの文章やブログ、ツイッター、フェイスブックなどの文章は、すべて電子情報となり、活字化されるようになりました。

つまり、特定の誰かではなく、いったい誰に読まれているか分からないという状況の中で、私たちは文章を絶えず書いているのです。

確かにメールなどは特定の相手に送るものですが、それを相手が誰かに転送することは何の手間もないことです。あなたの書いたメールの文章が思わぬ相手に転送され、それがまた社内で広がっていくことだってあり得ないことではありません。

ときどき、ツイッターやフェイスブックで感情にまかせてむちゃくちゃな文章を書いたり、人を不快な表現で非難したりする文章を見かけることがあります。こうした文章はいったい誰に読まれているか分かりません。しかも、本人の気がつかないうちに広く拡散されているかもしれないのです。

文は人を表すと言います。感情的な文章はまさに自分の裸を大勢の人の前でさらしているのと同じことです。

今までは初対面の人と名刺を交換したなら、相手の会社名や役職などで相手を判断していたのですが、今ではブログなどを検索するのが一般的となっています。すると、いかに大会社の重役であろうと、その人が書いた文章があまりにも稚拙であったり、間違いだらけであったりしたなら、やはり取引相手としても信用ができなくなってしまいます。あなたの書いた文章は上司にも、部下にも、取引相手や客にも見られている可能性が高いのです。だからこそ、これからの時代は日本語の規則にかなった、正確で論理的な文章を書けなければなりません。

本書はそのための国語トレーニングです。

では、さっそく始めましょう。

2

文の骨格は主語と述語

まずは主語・述語に注目

「主語」と「述語」は、文章の基本です。小学三年生ぐらいから、国語の授業で主語や述語、目的語という言葉が登場してきますが、なぜ主語と述語が大切なのか、理解している人は少ないかもしれません。

中学に入ると、英語でS（subjective＝主語）とかV（verb＝動詞）などを習い始め、古文でも「主語の省略」などで主語について意識させられるようになります。

実は、国語の学習はこの主語と述語から始めるべきなのです。なぜなら、主語と述語は一文の要点となる大切な言葉だからです。

どんな文章にも要点となる箇所と飾りの箇所とがあります。要点だけの文章は要約文であって、それは骨だけの骸骨のような文章と言っていいでしょう。

文章を読むときには、当然要点に着目していくことになります。ただ漠然と読んでいくと、言葉の数だけ意味があるのですから、膨大な意味の情報が入ってきて、その結果、頭の中がごちゃごちゃとしてしまいます。

ところが、要点だけをつかんでいくと、論理構造が明快となり、頭の中が整理されてスッキリします。同じ文章を読んでも、この両者の読み方の違いは決定的だと言えるのです。

さて、一文の要点は何かと言うと、主語と述語、そして、目的語です。

だから、主語と述語に着目することから始めなければならないのです。


「国語のルール」

一文の要点は、主語と述語である。

要点をつかむことで、頭を明晰な状態に保て。


なぜ主語と述語が一文の要点なのでしょうか?

一つ例を挙げましょう。

「赤い花がきれいに咲いた」

この文の中でどの言葉が大切なのか。

「花が咲いた」は主語と述語だけの文ですが、これだけで十分文は成立します。それに対して、「赤いきれいに」では文が成立したとは言えません。

主語と述語がなければ、文章とは言えません。まさに一文の要点と言えます。

なぜ「飾り」が必要か

文の要点である主語や述語には、たいていの場合、「赤い」「きれいな」のような飾りの言葉が付着しています。

では、なぜ飾りの言葉が必要なのでしょうか？

たとえば、「女が泣いた」という文。

これは主語と述語、つまり要点だけの文です。ところが、この一文では実は何も表現していないのと同じことなのです。

主語の「女」とは何か？　実は世界中に「女」がいるわけで、これでは伝えたい特定の「女」を何一つ表してはいません。今、あなたが表したい「女」はこの世に一人しかいない「女」です。

そこで、「私が最も愛していた女」とか、「長い黒髪で、ほっそりした体型の、美しい若い女」とか、説明の言葉を付け加えることで、「女」という抽象概念を、肉体を持った生身の女に具象化していくのです。

「泣いた」も同じことです。

これだけでは最大公約数的な「泣く」という行為を表現しただけで、現実の「泣く」という行為を表したわけではありません。

一人一人泣き方は違うし、同じ人間でもその場に応じて泣き方は異なってきます。小説などで、「女が泣いた」という表現がある場合は、その前後の描写から一人の女の泣き方を表現することができますが、この一文だけではあまり多くのことを伝えられません。

とはいえ、さまざまな飾りのついた複雑な文章でも、一文の要点は主語と述語、つまり、「女が泣いた」なのです。

言葉がこのように成り立っている限り、いつでも主語と述語を押さえれば、文は頭の中にスッキリと入ってきます。

英語でも、S（主語）と述語に当たるV（動詞）を押さえれば、後は不定詞や関係詞などの飾りの言葉がついているだけで、決して難しくはありません。

逆に言うと、文を書くときは主語と述語、目的語といった要点を明確にせよ、ということです。主語が何か分からなかったり、主語と述語がねじれたりした文章などは、とても通じる文とは言えません。そのうえにごちゃごちゃとした修飾語がついていても、とうてい不特定多数の人に通じる文にはならないのです。

企画書などのビジネス文書を書く場合も、まず要点をしっかりと決めます。そして、次にその要点に対して飾りの言葉を加えることによって、より具体的な肉付けを行います。そうした文章は非常に明快で、しかも生き生きとしたものになるのです。


「国語のルール」

一文の要点を押さえて、骨格のしっかりした文を作れ。

要点は抽象概念なので、説明の言葉で具体化する必要がある。

主語を省略するとき、しないとき

日本語は主語が省略されることが一般的です。

ただし、これにも「国語のルール」があります。前の文と主語が同じ場合は省略されますが、主語が異なる場合は省略することができません。

もっとも、日本語でも古文では前文と主語が異なるときでも主語を省略します。これは敬語表現が高度に発達しているために、主語を省略しても敬語表現から補って推し量ることができるからです。

それに対して、英語は原則、主語を省略することはできません。主語を省略すれば、命令文となってしまいます。

ここには日本と欧米との文化的な相違があるかもしれません。日本人は可能な限り自分を隠して、自分のことであっても「みんな」という表現を好みがちです。一方、欧米人は主体となる「私」がまず前提となり、その「私」が何を思い、どのような行動を取るかが文章の基本です。それゆえ、主語となる「私」が省略されてしまうと、いったい何の文章か分からなくなってしまうのです。

日本語では主語は省略されることも多いので、その場合、述語から主語を補って理解しなければなりません。古文のように、述語の敬語表現に着目して、省略された動作の主体（主語）を推定する場合もあります。

「国語のルール」
日本語では前文と主語が同じ場合は、基本的に主語は省略される。
主語の省略は述語に着目せよ。

では、いよいよ問題練習に入りましょう。

問題1
傍線部の主語になる言葉を文中から探し、そのまま抜き出しなさい。

日本人に　とっては　自然は　人間の　対立物ではなく、ましてや　支配するべき対象でも　なかった。空気や　水と　同じく　人間を　取り巻く　ごく　当たり前のものであった。

答　**自然は**

解説

二つの文から成り立っている文章です。

日本語では前文と主語が同じ場合に限って、主語は省略されるのでしたね。後文の「当たり前のものであった」の主語がないので、省略されていると考えます。そこで、前文の主語を考えると、「自然は」。

つまり、この文章の要点は「自然は当たり前のものであった」で、後は飾りの文章にすぎません。

一文の要点を意識する

問題2
次の文の要点を次のア〜エの中から選んで、記号で答えなさい。

日常、私たちはさまざまな人と会話をするが、その際、自分が話した事柄は必ず相手にそのすべてが伝わっているはずだとつい思ってしまうが、実はそうでないことが多い。

ア　自分が話したことは必ずすべて相手に伝わるものである。
イ　日常会話で自分が話したことは相手にはほぼ伝わらないものだ。
ウ　自分の話したことのすべてが相手に伝わるのは難しいことだ。
エ　自分の言いたいことをきちんと伝えるには会話の仕方を工夫すべきだ。

大切なのは日本語の使い方であり、それに従って頭の使い方を同時に変えるということです。そのためには、何となく答えを出すのではなく、「言葉の規則」に従って考えなければいけません。

要点を意識することは、会話においても重要です。ただ思いつくままに言葉を並べているだけでは、聞き手は何が重要なのか分からず、次々と与えられる情報に頭は混乱してしまいます。

要点とそれを説明する飾りの部分とを明確に意識すること。このことが会話においても、文章においても、何よりも大切なことなのです。国語の授業で習った「主語と述語」はこの基本です。

答 ウ

解説

一文の要点は、主語と述語でした。主語は「そうではないこと」、述語は「多い」。

「そう」の指示内容は、直前の「自分が話した事柄は必ず相手にそのすべてが伝わっているはずだ」ということ。

この指示内容の飾りをさらにはぎ取ります。

「そのすべて」の「その」の指示内容は「自分が話した事柄」なので、「自分が話した事柄のすべてが相手に伝わる」こととなり「そうでないことが多い」のだから、「自分の話した事柄のすべてが相手に伝わるのは難しいことだ」と言い換えた「ウ」が答えとなります。

このように、大切なのはいかに「言葉の規則」に従って理解できるかどうかなのです。

気持ち悪い「主語と述語のねじれ」

問題3
次の文を正しい文に書き直しなさい。

1　私がまず言いたいのは、大切なエネルギーを無駄に使っている人が多い。
2　私はチームをまとめるのが上司の仕事だ。
3　休みの日には私は本を、弟は音楽を聴いています。

ビジネスパーソンは、書いた文章に誤りがあるようでは信頼が得られません。最も多い間違いが、「主語と述語のねじれ」です。「そんな初歩的な間違いはしない」と思われるかもしれませんが、特に長い文章を書いていると、いつのまにか最初の主語を忘れ、主語と述語がねじれた文章になってしまうことが案外多いものです。

自分が書いた文章を見直すとき、「主語と述語のねじれ」があれば、即座に「気持ち悪い」と思えるような感覚を持つようにしたいものです。すると間違いにすぐに気づき、修正することができます。

そのためには、主語と述語を意識して文章を読み、自分で文章を書く際にも読み返して確認する訓練を続けることが必要です。

答

1 私がまず言いたいのは、大切なエネルギーを無駄に使っている人が多いということだ。

2 私はチームをまとめるのが上司の仕事だと思う。

3 休みの日には私は本を読み、弟は音楽を聴いています。

解説

1　主語が「私がまず言いたいのは」に対して、それに対応する述語が見当たりません。「多い」の主語は「人が」ですから。

そこで、「私がまず言いたいのは〜ということだ」と、述語を付け加えます。

2　「私は〜仕事だ」では、主語と述語が対応しません。「私は〜と思う（考える）」と述語を付け加えるか、「私は」を削除してしまいましょう。

3　述語が「聴いています」ですが、「音楽を聴いています」はおかしくないのに対して、「本を聴いています」では不適切です。そこで、「本を読み」と、述語を付け加えます。

「国語のルール」

主語と述語のねじれに気をつけよ。

ミスを発見できる推敲能力を鍛えよ。

述語と目的語の関係

一文は要点とそれを説明する飾りの言葉で成り立っていると説明しました。その要点は主に主語と述語ですが、もう一つ大切な要点があります。

私は今日の午後四時に会議室で部長に丁寧に報告した。

この文章のどこがおかしいのか分かりますか?
この文章の述語は「報告した」、主語は「私は」。すると、この一文の要点は「私は報告した」となります。ところが、何を「報告した」のかが分からず、これでは不完全な文となってしまいます。そこで、「何を」にあたる目的語を補わなければなりません。たとえば、「私は売り上げの数字を報告した」とします。

話し言葉なら頭に浮かぶままに言葉を並べても通じますが、文章は後々まで証拠として残り、場合によっては多数の思わぬ人に何度も読まれる可能性があります。

それなのに、安易に話し言葉のように思いつくまま書いてしまうと、大切な言葉が抜け落ちてしまうことになりがちです。飾りの言葉ならば、多少抜け落ちても問題はありませんが、それが要点となる大切な言葉だったときは、致命的なミスとなってしまうのです。

この場合、主語の「私は」はなくても意味は通じますが、「報告した」は目的語がなければ何を報告したのか分かりません。ときには主語よりも目的語の方が大切な要点になることがあります。

「国語のルール」
ときには主語よりも、目的語の方が大切な要点となる。

問題4
次の文の（　）に入る言葉を、後の選択肢から選び、それぞれ記号で答えなさい。

1　ずっと昔のめずらしい風習が（　）残っています。
2　友好的共存は絶えず（　）譲り合って初めて成り立つ。
3　木々の間を吹き抜ける風が（　）舞い上げる季節になりました。

ア　枯れ葉を　イ　落ち葉に　ウ　きっと　エ　この町に　オ　両者に　カ　両者が

答　1　エ　2　カ　3　ア

解説

1　「風習が―残っています」が主語と述語ですが、これだけではこの一文は不完全です。そこで、「この町に残っています」と言葉を補います。

2　「友好的共存は―成り立つ」が主語と述語ですが、「譲り合って」の主語がありません。そこで、「両者が」を補うことにより、「両者が―譲り合って」と、一文の中にさらに主語と述語の関係を作ることができます。

このように、一文の中に主語と述語の関係が複数あり、しかもその関係が対等でない場合（このときは、「友好的共存は―成り立つ」が全体の主語と述語で、「両者が―譲り合って」は「成り立つ」を説明している言葉にすぎません）を複文と言います。

一方、一文の中に複数の主語と述語の関係があり、それらが対等であるときは重文と言います（例　私はビールが好きで、彼は日本酒が好きだ）。

3「風が―舞い上げる」が主語と述語ですが、何を舞い上げるのか、目的語がなければ、この一文は成立しません。そこで、「枯れ葉を―舞い上げる」と目的語を補います。

さて、この章では文は骨格となる要点と、それを説明する飾りの言葉とで成り立っていることを明らかにしました。

まずは要点を正しく表現する文を書かなければなりません。主語と述語がねじれた文などは論外です。主語と述語がはっきり定まっていれば、飾りは後からいくらでも付け加えられるのです。

3

「言葉のつながり」が文になる

意味が不明瞭で、非常に読みにくい文章、あるいは、誤解を招きやすい文章をよく見かけます。これらは書いた人自身が「言葉のつながり」をきちんと分かっていないことが大きな原因です。

そこで、この章では、「言葉のつながり」についてトレーニングをしていきましょう。

言葉の意味を決定するもの

感動詞という品詞があります。これは「独立語」と言って、「はい」とか「やあ」という具合に、他の言葉とつながりを持たない単語です。逆に言うと、それ以外のすべての言葉は他の言葉とつながりを持っています。

言葉の意味は、その言葉自体だけでなく、その「言葉のつながり」によっても決定されます。

生きた言葉は使い手によって、場によって、ときには辞書的意味を超えてさまざまな意味に使われます。ところが、その言葉が文章に入った瞬間、その前の文と後ろの文に引っ張られて身動きできなくなり、一つの意味に限定されます。

その引っ張る力が「言葉のつながり」にあたります。その「言葉のつながり」が適切でないと、誤解を生じやすい、不明瞭な文章となってしまうのです。

「国語のルール」
言葉は文章中では一つの意味しか持ち得ない。
文章中の意味を決定するのは、その前後の「言葉のつながり」である。

問題5 次の文の傍線AとBはそれぞれどの部分にかかるか、その部分を抜き出しなさい。

ある（A）　野球の　選手に　言われたのが　きっかけで（B）　打撃の　コツに　突然　目覚めた。

答 A　選手に　B　目覚めた

解説

A 「ある」がどの言葉につながっているのか分かりましたか？　「ある」→「野球」としないで下さい。

この場合、「ある」→「野球」と言いたいのではなく、「ある」→「選手」と言いたいのですから、「言葉のつながり」は意味上のつながりと考えてもいいわけです。

もちろん、「野球の」→「選手に」と、「ある」も「野球の」もともに「選手」につながっています。

B 「きっかけで」→「目覚めた」、「野球に」→「目覚めた」、「突然」→「目覚めた」と、すべて意味上「目覚めた」につながっています。

「国語のルール」
「言葉のつながり」は、意味上のつながりである。

語順一つで意味が変わる

どんな語順で文を書くのかも重要な要素です。ただ思いつくままに書いた場合は、適切な語順で書かれていないため、思わぬ誤解を受ける文章になったり、複数の意味に解釈されがちな文章になったりすることがあります。

問題6

次の1〜3の表現を、読点を使わないで一つの表現にするにはどう並べたら最も適切か。（　）の中に入る番号を答えなさい（ただし「色の白い」のは「帽子」でなく「女の子」のこととする）。

1 昨日、街で会った
2 色の白い
3 帽子の似合う

（ア）（イ）（ウ）女の子

「言葉のつながり」の応用問題です。

どの言葉とつながるかで、語順が変わってきます。この問題を通して、ふだんからどれだけ「言葉のつながり」を意識しているのか確認してみて下さい。

特にビジネス文書では、曖昧な表現や誤解されやすい表現を使うと、致命的な失敗を招く可能性があります。どの言葉とどの言葉がつながっているかを意識することで、文脈力を鍛える第一歩にもなるのです。

答 ア　1　イ　3　ウ　2

解説

「言葉のつながり」を考えます。

「色の白い」→「帽子の似合う」とすれば、女の子が色白なのではなく、帽子の色が白いという意味になってしまいます。

「色の白い」は「女の子」とつながっているので、2「色の白い」を最後に持っていきましょう。

「昨日、街で会った帽子の似合う色の白い女の子」とすることで、すべてを「女の子」につなげることができるのです。このように語順一つで、「色の白い」のが帽子なのか、女の子なのかと、まったく異なった意味の文となってしまうのです。

「国語のルール」
語順一つで明晰な文章になることがある。

言葉のつながりが不適切な悪文

推敲の際、どうも分かりにくい文章だと感じたのなら、「言葉のつながり」を考えてみることです。どの言葉がどの言葉とつながっているかを確認することで、何がその文を分かりにくくしているかが見えてきます。

後は、語順を入れ替え、「言葉のつながり」を正しいものに変えます。

問題7 傍線の部分は語順が入れ替わったために、不明瞭な文章となっている。正しい語順に直しなさい。

> 生まれたときはもちろん他者意識など持っていませんから、世界は自分の目に映ったものこそがすべてであり、親が自分の不満はそれを察して解消してくれるものと信じていたのです。

答 自分の不満は親がそれを察して解消してくれる

解説

頭に思い浮かぶままに文章を書いてしまうと、自分では分かっているつもりでも、読み手にとっては不明瞭で分かりにくい表現になりがちです。

「察して」「解消してくれる」のは「親」なので、語順を入れ替え、「親がそれを察して解消してくれる」とすればスッキリします。「不満」は「それ」の指示内容なので、その前に置かなければなりません。

「自分の不満は」の「は」は、話題を提供するときの「は」であって、決して主語を表すものではありません。

たとえば、「ゾウは鼻が長い」という例文を考えればいいと思います。このときの「は」も、今から「ゾウ」の話をしましょうと話題を提供する「は」であって、主語を表すものではありません。「長い」のは「鼻」なので、「鼻が」の「が」が主格となります。

「国語のルール」
語順を変えることで、「言葉のつながり」を正しくすることができる。
話題を提示する、助詞の「は」に気をつけよ。

言葉のつながりから適切な言葉を選択する

言葉はその言葉のつながりから、最も適切なものを選択しなければなりません。同じような言葉でも、選択を誤ると、あなたの真意が相手に伝わらなくなります。

ましてや、企画書などのビジネス文書の場合、相手の心をとらえるには、その場にふさわしい言葉の選択が重要なポイントになります。

問題8 次の文の（　）に入れる言葉として、「大切」と「必要」ではどのように異なるのか、説明しなさい。

君こそわが社にとって（　　）な人だ。

答 どちらも褒め言葉ではあるが、「必要」は「中心となる人」という意味で、「大切」に比べて「他に取り替えがきかない重要な人」といったニュアンスが加わる。

解説

「君こそ大切な人だ」、「君こそ必要な人だ」、もちろん、どちらも正しい日本語で、同じような意味だと思われるかもしれませんが、どちらの言葉を選ぶかで、この文の意味は大きく異なってしまいます。

あなたならどちらの言葉で言われた方がうれしいでしょうか？

「要」という字は、訓読みでは「かなめ」と言います。物事の中心という意味です。だから、「必要」は必ずかなめとなるものという意味で、この場合、「君」は会社にとって中心となる重要な人で、かつ誰も「君」の代わりになる人はいないということになります。

それに対して、「大切な人」では、大切な人は他にもいるかもしれないので、「必要」というほど強くなく、他に代わりとなる人がいるようにも聞こえます。会社での発言ということを考えると、「必要」の方が求める度合いが高そうです。友人関係だとまた話は違うかもしれません。

このように、言葉の選択一つで文章の意味が大きく異なってくることがあります。特に、自分が伝えたいことは丁寧に、最もそれにふさわしい言葉を吟味するように心がけましょう。

「国語のルール」
大切なことを伝える言葉は、よくよく吟味すること。

読点は呼吸のように打つ

読点は何のためにあり、そして、どのタイミングで打ったらいいのでしょうか?

基本的には、読点は言葉のつながりを断つときに打ちます。だから、どこに打たなければならないという理由はありません。しかし、打ってはいけない場合もあります。

たとえば、「赤い花がきれいに咲いている」という文だと、「赤い、花がきれいに咲いている」「赤い花がきれいに、咲いている」といった読点の打ち方は明らかに間違いです。

なぜなら、「赤い」は「花が」、「きれいに」は「咲いている」につながっているので、そこに読点を打ってつながりを切る必要がないからです。

こういった基本的な使い方さえ間違わなければ、読点は比較的自由に打ってもかまいません。

ただし、まったく読点がない文章も、極端に読点が多い文章も、読み手にとっては迷惑な文章と言えるでしょう。文学作品などでは、谷崎潤一郎や野坂昭如など、一部の作品ではあえて読点を用いないことで個性的な文体で表現し、独自の世界を構築している場合もありますが、ビジネス文書ではもちろん個性よりも読みやすさを優先すべきでしょう。

読点の多さはその人の個性であり、文章を書くうえでの作者の肺活量の大きさに比例するかもしれません。一度自分の書いた文章を音読してみて下さい。もちろん、読点の箇所で息継ぎをします。

極端に読点が少ない文章では、息継ぎをすることができずに呼吸困難になるだろうし、逆に読点が多すぎる文章では、はあはあと息継ぎだらけで聞き苦しいものとなるはずです。一人一人にとっての適切な句読点の打ち方があるのです。

問題9　次の文は二つの意味に受け取ることができます。読点を一つ打つことによって、母がいないという意味に限定しなさい。

母は帰っていなかった。

答　母は帰って、いなかった。

解説

これでは、「母が帰ってしまって、もういない」のか、「母がまだ帰ってはいない」のか、まったく正反対の意味に取れてしまいます。

そこで、「母は帰って、」で読点を打つことにより、「いなかった」とのつながりを切ってしまいます。その結果、母は帰って、もういなかったという意味に限定することができるのです。

「国語のルール」

読点には「言葉のつながり」を断ち切る役割がある。
その人にふさわしい読点の打ち方がある。

要点と「言葉のつながり」で組み立てる

正確な一文を書く練習をしましょう。正確な一文とは、要点となる主語と述語、目的語が明確であること。

そして、主語と述語がねじれていないこと。
さらには「言葉のつながり」が適切であること。
それらの練習として、並べ替えの問題が非常に有効です。

問題10

次の語順を並べ替えて、一文を作成しなさい。

1 ある　人は　操る　言語を　動物で
2 あなたに　くれて　会えなくて　いる　泣き
3 権力欲を　する　すぎない　思想は　正当化　手段に

答

1 人は言語を操る動物である
2 あなたに会えなくて泣きくれている
3 思想は権力欲を正当化する手段にすぎない

解説

答えよりも、それを導く考え方にこだわって下さい。主語と述語となる言葉は何か、その言葉がどの言葉とつながっているのか、一文がどのような構造で成り立っているのか、一つ一つ確認するように解いてみて下さい。

1　主語が「人は」で、述語が「ある」。「人は～ある」が一文の要点です。

次に「ある」につながる言葉を考えると、「動物で」→「ある」となります。これで「人は動物である」となりました。

後は、「言葉を」→「操る」→「動物」と言葉のつながりを考えます。

2　主語が省略されている文章です。そこで、述語から考えるようにします。述語は、「泣き」→「くれて」→「いる」。

次に残った言葉のつながりを考えると、「あなたに」→「会えなくて」→「泣きくれている」となります。

3　「思想は」→「すぎない」が一文の要点です。後は、主語と述語を説明する言葉をそれぞれ考えます。

主語の「思想は」以外は、述語の「すぎない」を説明する言葉です。「すぎない」は、「手段に」↓「すぎない」。さらに、「手段」を説明する言葉として、「権力欲を」↓「正当化」↓「する」となります。

文節は自立語＋付属語

単語は自立語と付属語に分けることができます。単語は言葉の最小限の単位です。それに対して、文節は意味上の最小限の単位なのです。

たとえば、「花が咲いた」を単語に分けると、「花」「が」「咲い」「た」となります。これ以上細かくは分けることができないので、これが単語なのです。

ところが、「が」「た」は単独では何のことか分かりません。

自立語とは単独で意味を持つ単語、それに対して、付属語は単独では意味を持ち得ない単語です。

そこで、「が」「た」という付属語は自立語にくっついて意味を持とうとします。そうやって、意味上の最小限の単位である文節ができあがるのです。

文節とは、自立語＋付属語で、文章は意味を表すものであるから、この文節が基本的に意味を考える際の最小単位となるのです。

付属語には二種類あって、活用するものが助動詞、活用しないものが助詞です。この付属語の使い方は9章で詳細に説明することにします。

問題10は、一文を文節単位で分解したものです。

そこで、今度は単語単位で一文を分解してみましょう。

「国語のルール」

言葉の最小限の単位が単語で、意味上の最小限の単位が文節である。

単独で意味を持つ単語が自立語、単独で意味を持たない単語が付属語である。

文節は、自立語＋付属語である。

付属語で活用するものが助動詞、活用しないものが助詞である。

問題11

次の単語を並べ替えて、一文を作成しなさい。

1　の　妻　だ　料理　は　へた　私　を　作る　が　の
2　だ　酒　仕事　を　が　帰り　の　に　飲む　日課　の

答

1　私の妻は料理を作るのがへただ
2　仕事の帰りに酒を飲むのが日課だ

解説

単語に分解しているので、自立語＋付属語でまず文節を作ります。その後は問題10と同じ頭の使い方をすればよいのです。

1　主語が「妻」＋「は」。述語が「へた」＋「だ」です。
次に、主語と述語を説明する文節を作ります。「私」＋「の」→「妻」、「料理」＋「を」→「作る」＋「の」＋「が」。

2　述語は「日課」＋「だ」、主語は「飲む」＋「の」＋「が」。
次に、主語と述語を説明する文節を作ると、「仕事」＋「の」、「帰り」＋「に」、「酒」＋「を」、「飲む」＋「の」「が」となります。

このように単語単位に分けると、助詞、助動詞といった付属語の使い方がしだいに分かってくるのです。

4

副詞と形容詞が個性を伝える

一文は要点となる言葉とそれを説明する飾りの言葉とで成り立っています。要点となる言葉の代表が名詞と動詞ならば、その飾りの言葉の代表が副詞と形容詞と言えるでしょう。この副詞と形容詞の使い方こそが、より人に伝わる文章を書くには必要なのです。

恥ずかしい「副詞の呼応」の間違い

今は誰もがブログなどで自分の文章を不特定多数の人たちにさらす時代となりました。それなのに、あまりにも無防備な人が多いのには驚きます。ネット上で攻撃的な言葉を巻き散らす人たち。匿名の文章ならいざ知らず、フェイスブックやブログなどで、実名で極度に悪意に満ちた表現をしたり、品のない表現を用いたりしても平気な人たち。

言葉、文章はその人の内面や教養を自ずと表しているものなのです。それを不特定多数の人前にさらすのだから、街を歩いているのと同じで、裸で歩いたり、汚い格好で社交場に出向いたりすれば白い眼で見られます。感情的な言葉や下品な表現はもってのほかですが、誰が見ても明らかに間違いである文章をブログなどでずっとさらしているのもみっともないものです。

もちろん、誰でも絶対に間違いを犯さないなどとは言えません。問題は間違ってしまったことではなく、日本語の規則を知らないため、ずっと言葉の間違った使い方で文章を書き続けて、生涯にわたって自分でもそれに気がつかないままでいることです。

ここでは特に間違えがちな、副詞の呼応についてチェックしましょう。

問題12

次の文の（　）に入る言葉を、傍線部の言葉との結びつきを考えて、後の選択肢から選んで記号で答えなさい。

1　たとえ失敗し（　）必ずやりぬくぞ。
2　ぜひ今度は成功し（　）。
3　私は少しもこのテレビを見たいとは思わ（　）。
4　（　）帰らないでほしい。
5　（　）何が起ころうとも、決して驚かない。
6　この嵐では（　）船は出せない。

7 この容器は（　）金属でできているみたいだ。
ア まるで　イ たい　ウ たとえ　エ どうか　オ ても　カ ない　キ とても

答 1オ　2イ　3カ　4エ　5ウ　6キ　7ア

解説

1 「たとえ～ても・でも」で、逆接の仮定条件を表します。
2 「ぜひ～たい・ください」で、強い願望を表します。
3 「少しも～ない」で、全面否定を表します。
4 「どうか～ほしい・ください」で、人にものを頼むときに使います。
5 「たとえ～とも」で、逆接の仮定条件。
6 「とても～ない」で、強い否定。
7 「まるで～みたい・ようだ」で、比喩。

副詞は用言（述語となる単語）を修飾する言葉です。その中でも、強く修飾する副詞は、その用言を縛ってしまうことがあります。

これが副詞の呼応です。

「まったく・ぜんぜん〜ない」

「たとえ〜ても・でも」

など、決まり文句と言ってもいいのです。

こうした呼応関係を間違うと、明らかな誤文となってしまうので、注意が必要です。


「国語のルール」

副詞は用言を修飾する単語である。

副詞の呼応は最低限守らなければならない規則である。

慣用表現を適度に使う

慣用表現は長年の日本人の知恵の結晶であり、うまく使えば文章に説得力を持たせる効果があります。特に、自分の伝えたいことを表現するときは、決まり切った言い方を使うと、文章自体がしまってきます。

ただし、あまり慣用表現に頼りすぎると陳腐となり、文章の個性がなくなってしまう可能性があります。バランス感覚が重要です。

問題13

次の文の（　）に入る言葉を、後の選択肢から選んで記号で答えなさい。ただし、同じ言葉を二回使うことはできません。

1 （　）考えた方がよい。
2 （　）仕事に打ち込む。
3 （　）無理な話だ。
4 （　）寒くなった。
5 （　）手につかない。
6 君の言うことは（　）分からない。
7 自慢話を（　）聞かせる。
8 準備不足で（　）失敗をした。

9　雨が降り出して（　　）天気だ。
10　食事がすんだ（　　）外へ飛び出した。

ア　もっぱら　イ　さっぱり　ウ　もっと　エ　どだい　オ　にわかに
カ　とたんに　キ　とくとくと　ク　あいにくな　ケ　てんで　コ　とんだ

慣用的な言い回しを正確に使いこなすことが、文章上達の第一歩となります。文章だけでなく、会話で使っても説得力を増すでしょう。

答　1　ウ　2　ア　3　エ　4　オ　5　ケ　6　イ　7　キ
8　コ　9　ク　10　カ

解説
特定の言葉としかつながらない言葉があります。必ずどの言葉とのつながりで決定するのかを意識して下さい。

1　「～した方がよい」とあるので、「もっと」。

2　「もっぱら↓打ち込む」というつながり。
3　「どだい↓無理」というつながり。
4　「にわかに↓寒くなる」というつながり。
5　「てんで」と「手につかない」は一緒に用いられます。
6　「さっぱり↓分からない」というつながり。
7　「自慢話」とあるので、「とくとく」。
8　「とんだ↓失敗」というつながり。
9　「あいにくな↓天気」というつながり。
10　「～したとたん」という使い方。

読み手のイメージを広げる修飾語

私たちが表したいものは、たいていはたった一つのもの、たった一回限りの経験です。目の前の美しい花はこの世でたった一つしかないものであり、花が咲いたのは一瞬限り、それを永遠に固定できるものではありません。だから、私たちはその一つしかないものに愛着を覚え、それが損なわれることを惜しむのです。

個々の共通点を抜き取った主語と述語の骨格だけでは、たった一つだけのもの、一回きりのものを表現することはできないのです。そこで、形容詞をはじめとする修飾句をつけて、言葉を生き生きと命あるものへと変換するのです。

日本語の使い手として、一つ高いステージに上がるためには、形容詞をはじめとする修飾句の使い方が大切なのです。

問題14

次の文を読んで、後の問いに答えなさい。

ある日の事でございます。御釈迦様は極楽の蓮池のふちを、独りでぶらぶら御歩きになっていらっしゃいました。1池の中に咲いている蓮の花は、みんな玉のようにまっ白で、そのまん中にある金色の蕊《ずい》からは、何とも云えない好い匂《におい》が、絶間なくあたりへ溢《あふ》れて居ります。極楽は丁度朝なのでございましょう。

やがて御釈迦様はその池のふちに御佇《おたたず》みになって、水の面《おもて》を蔽《おお》っている蓮の葉の間から、ふと下の容子《ようす》を御覧になりました。2この極楽の蓮池の下は、丁度地獄の底に当って居りますから、水晶のような水を透き徹して、三途の河や針の山の景色が、丁度覗《のぞ》き眼鏡を見るように、はっきりと見えるのでございます。

芥川龍之介「蜘蛛の糸」

問1　傍線部1の文を25字以内でまとめなさい。
問2　傍線部2の文を15字以内でまとめなさい。

答

1　蓮の花はまっ白で、蕊から好い匂が溢れている。
2　三途の河や針の山が見える。

解説

1　まず一文の要点をとらえます。するとこの文は「主語と述語の関係」が二組あることが分かります。

「蓮の花は」―「まっ白だ」

「匂が」―「溢れている」

　後は字数条件を頭に置いて、最低限必要な言葉を補います。
2　述語が「見える」で、それに対する主語が、「三途の河や針の山が」。これをまとめると、すでに13字です。

傍線部1・2の文と、その要約文とを比べてみて下さい。

たとえば、著者である芥川龍之介の脳裏にはまっ白に咲いた蓮の花のイメージがくっきりとあるのですが、それを単に「花がまっ白だ」と表現しただけでは、私たちは芥川の脳裏にあるイメージを読み取ることができません。

そこで、「池の中に咲いている蓮の花は、みんな玉のようにまっ白で」と修飾句をつけます。さらに「匂が溢れている」に対しても、そのまん中にある金色の蕊からは、何とも云えない好い匂が、絶間なくあたりへ溢れて居ります」としています。

もちろん、芥川のような文学的表現が必要な場合ばかりではありませんが、なぜこうした飾りをつけなければならないのか、そのことを理解したときに、一文の要点をしっかりと押さえ、しかも、的確な修飾句をつけた文を書くことができるようになるのです。

比喩は発想を豊かにする

たとえば、私たちは大切なものを人に伝えようとするとき、手垢のついた既存の言葉では満足できないように思えてくるものです。

そんなときは思い切って既存の言葉を投げ捨て、自分だけの言葉で表現をしてみましょう。そのとき、言葉は自ずと比喩的になっていきます。ビジネスの現場で相手を納得させなければならないとき、ぴったりとした比喩を使えば、相手が受ける印象はまるっきり異なってきます。さらに比喩はあなたの個性そのものと言ってもいいでしょう。比喩を磨くことは、あなたの感性を磨くことに他なりません。

もう一つ、比喩には大切な役割があります。

私たちは同じものをいつも同じ角度から眺めて、同じ表現をしています。「花は美しい」「女の子はかわいい」など、これは極端な例ですが、こうした決まった表現、決まった見方からなかなか自由になることができません。それはビジネスにおいても同じで、決まり切った発想しかできないと、あなたの仕事はあなた以外の誰がやっても同じこととなってしまいます。

思い切って表現を変えてみましょう。それはふだん見慣れた光景を別の角度から眺めることです。比喩的感覚を鍛えることで、他人とは異なる発想が浮かぶようになってきます。

問題15

次の文を読んで、後の問いに答えなさい。

語られないことは存在しないも同然です。欧米社会では、会議の世界でも友達同士の会話でも、自分の考えを発言しなければそこにいないも同然と見なされます。たとえつまらない意見でも、自分の考えはきちんと口にするべきです。幽霊とならないために。

問　傍線部に「幽霊」とあるが、それはどういうことを指しているか。「～こと」に続く形で文中から5字で抜き出しなさい。

答　存在しない

解説

「語られないことは存在しないも同然です」が、筆者の主張。以下、それを読者に印象づけようとして、「存在しないこと」を、「幽霊」にたとえたのです。

欧米では自分の考えを口にすることを、それだけ重んじているのだと強調しています。

比喩は感覚的なものと思い込んでいる人が多いのではないでしょうか？　実は、比喩も論理の一つで、「イコールの関係」です。たとえば、伝えたいことが抽象的で、実感しにくいものだったりしたとき、私たちはそれを身近なものに置き換えます。それを「たとえる」というのですが、そこにはたった一つ、大切なルールがあります。

たとえるものとたとえられるものとの間に共通点がなければいけません。

「瞳はダイアモンド」

というのは隠喩（隠された比喩）ですが、瞳とダイアモンドはともにキラキラ輝いているという共通点があるから、この比喩は成立しているのです。

「瞳はカレーライス」

では、いったい何のことだか分からないでしょう。

5

順接と逆接で読み手の意識を操る

正しい文章は論理的にできています。一文は要点とその飾りから成り立ち、その構成要素である言葉は必ず他の言葉とつながりを持っています。

文章の中の一文と一文との関係も論理的です。その関係を示した記号が接続語です。そのため接続語に着目することは、論理力を鍛えるためにも、論理的な文章を書くためにも、最も効果的です。

接続語の使い方を鍛えていきましょう。

逆接の後にくるのが本音

順接、逆接とは何か、すでに小学校の授業で学習したはずです。果たしてこれらを本当に理解し、使いこなせているでしょうか。

「順接」とは、「前の文の流れを受けて、次の文に発展するとき」、「逆接」とは「前までの文の流れをひっくり返すとき」に用いられます。これらを意識するということは文章を恣意的にではなく、論理的に読むことにつながります。

しかも、その効果はそれだけにとどまりません。

問題16　課長から、先日提出した企画書について、次の順に言われた。次の1~3の文の中で、課長が最も伝えたいものはどれか。

1　君の今回の企画書はなかなかのものだったよ。
2　特に、他社の商品との比較はよかったな。
3　でも、データが少し不足しているかな。

答　3

解説

これは喜んでいいのか、それともがっかりすべきでしょうか。楽観的な性格の人は褒められていると感じ、悲観的な性格の人は怒られていると感じてしまうかもしれません。人は誰しも主観的な動物ですから、「言葉の規則」を考えなければ、受け取り方は人それぞれになってしまいます。

ですが、課長は決して曖昧な言い方をしているわけではありません。なぜなら、「でも」

という逆接の接続語を使っているからです。

国語のルールでは、「逆接」の後にくるのが「筆者の主張」です。たとえ課長がどれだけよいことを言っていたとしても、その後に逆接を使ったなら、課長から叱責されていると受け取らなければなりません。

文章を書くときでも、逆接の後に自分の言いたいことを持ってきましょう。

「国語のルール」
逆接の後が、筆者の主張である。

読み手の意識をコントロールせよ

自分が話したいことをただ述べるだけでは、意外と相手の心には残りません。同じように、自分の書きたいことをただ並べるだけの文章も、読み手の記憶には残りません。受け手は文章に何も引っかかる箇所がないと、いくら大切なことであっても、すべては素通りしてしまうからです。

どこまでも真っ直ぐに続く高速道路を運転していると、人は眠くなってしまいます。時折カーブがあるからこそ、快適なドライブを楽しむことができます。

大切なことは、いったん相手に考えさせること。

そのためには、本当に伝えたいことは後に置いておくべきなのです。

まずAを持ち出して、相手にAについて考えさせます。そのうえで、逆接を持ち出し、その後に本当に伝えたいBを提示するのです。

学校で習った接続語は、話し手と聞き手、書き手と読み手との共通の「言葉の規則」です。正確に理解させるには、この「言葉の規則」に従って文章を操らなければなりません。

それほど大切なものなのに、この「言葉の規則」を知らない人が多いのです。

さらに接続語の使い方に慣れていくと、読み手の気持ちを自在に操ることができるようになります。たとえば、ただ「私はAだと思う」と述べたところで、読み手はその瞬間は「そうですか」と受け止めるかもしれませんが、後には何も残りません。

いったん誰もが納得しそうなAを持ち出して、「そうですか」と相手に思わせておいてから、「だが」と逆接を持ち出した方が、相手に強烈な印象を持たせることができます。

そのとき、逆接の接続語がレバーの切り替えとなって、相手の意識のあり方を操作することになるのです。そうやって、相手の意識をいったん反対の方に誘導してから、逆接の後、「私はBだと思う」と自分の主張を提示すればよいのです。

「国語のルール」
接続語は「言葉の規則」として論理的な文章のカギとなる。
逆接は読み手の意識を操る武器である。

相手に誘導のサインを出す

論理とは本来一本道です。「今がこうならば次はこうなるに違いない」と、自然と先が予測できます。言葉が論理的に使われている限り、私たちは相手の次の話の展開を無意識に予想しています。そのため、頷いて流れを追いながら話を聞くことができるのです。

ところが人と話をするときに、相手がいったい何を話すのか、まったく予想ができないときは、あれこれと思考を巡らせているうちに脈絡を見失い、結局は勝手な思い込みをしてしまうことがあります。

文章を読むときもこれと同じで、目の前の活字を追いながらあれこれと勝手に思い巡らせて読むと、いっこうに活字が頭に入っていきません。読み手は、文章の中の論理に従って、先の展開を無意識に予想して読んでいくものです。

そこで、不特定多数の読み手に対して、自分の主張を正確に理解させるためには、読み手を誘導し、誤読を防ぐシグナルを絶えず示していかなければなりません。その代表的なものが接続語です。

小学生のころ必ず国語のテストに出てきた、「空欄に入る接続語を選びなさい」という問題は、知識を問うだけでなく、こうした文章の重要なシグナルを見落とさないための練習でもあったのです。

「国語のルール」
接続語を用いることで、読み手を正しく誘導する。

半歩先を予想させる

ビジネスでは、「今」ではなく、「半歩先」を予想して行動しなければなりません。この「半歩」という微妙な距離が大切で、一歩先まで予想してしまうと、誤誘導となってしまう可能性があるからです。

例を挙げましょう。

私は一生懸命働いた。

この一文の次に、「だから」とあると、「私は成功した」と次の展開が自然と予想されます。このように自然と予想されるとおりの展開になるとき、「だから」「したがって」といった順接の接続語を使います。

私たちは「だから」というシグナルによって先の展開を予想し、次の文章でそれを確認するという作業をしながら、文を読み進めます。逆に、読み手に先を予想させておいて、次に逆接の接続語でそれをはぐらかすというやり方もあります。

このように絶えず読み手を意識し、自在に読み手の意識を操っていくのは有効な技術の一つです。

さて、「私は一生懸命働いた」の例文に戻りましょう。次に、逆接の「しかし」がくると、私たちは「成功しなかったのだな」と予想することができるし、「さて」とあれば、「次に話が変わるのだな」と、頭を切り替えて読んでいきます。

高速道路を車で走っていて、道が二股に分かれていたとき、標識がまったく見あたらなければ、どちらに進んでいいか分からず、目的地にたどり着くことはできません。同じように、書き手が方向性を示すシグナルを絶えず示すことによって、読み手は安心して文章を読み進めていけるのです。誤読される可能性も格段に少なくなります。

もし自分が書いた文章がうまく伝わらないと感じる場合には、一度接続語の使い方を意識してみると解決するかもしれません。

「国語のルール」
接続語は書き手が方向性を示すシグナルである。

「因果関係」と「理由付け」

残念ながら、先に述べたように日本の国語教育は小説などでの感覚的な共感を重視し、論理力を身につけさせる訓練は不十分でした。

あることを他者に伝えたいと思ったときには、筋道を立てて、論理的に説明しなければ理解されません。逆に言うと、自分の主張を伝えるときは、相手が必ずしもそう思っていないということが前提です。誰もが思っていることならば、わざわざ文章にして発表する必要はないわけですから。

そこで、自分の主張に対して、それを裏付ける証拠が必要となってきます。具体例を示すことはその一部です。具体例を挙げるだけで自分の主張を論証したと思う人も多いのですが、それではまだ不完全です。その具体例がなぜ主張を裏付ける証拠となるのか、その理由まで述べて初めて説明が完結します。

つまり、論理的な文章では理由を挙げることは不可欠です。その理由の使い方によって、文章をつなげるために用いる接続語も、因果関係を表す接続語と理由付けを表す接続語とに分けられます。

もう一度「私は一生懸命働いた」の例を挙げましょう。

「私は一生懸命働いた。だから、私は成功した」

このとき、「私は成功した」の理由が、「一生懸命働いた」からだとも言えます。このように前に原因・理由がくるので、「だから」「したがって」を「因果」の接続語とも呼ぶことがあります。

それに対して、

「私は成功した。なぜなら、一生懸命働いたからだ」

と、理由が後にくる「なぜなら」「というのは」を、「理由」の接続語と呼びます。

このように自分が主張するときは必ず理由を頭に置き、因果関係で論を展開するのか、後から理由を付記するのかを考えなければなりません。

「国語のルール」

「だから」「したがって」は因果関係を示す記号である。

因果の接続語の前に理由がある。

「なぜなら」「というのは」は理由付けの記号である。

理由付けの接続語は、その後に理由がくる。


ここで、順接、逆接、因果、理由付けの簡単な練習をしてみましょう。基本的な言葉の規則を確認して下さい。

問題17
次の1~5の文の（　）に入る接続語を、後のア~ウから選びなさい。

1　新しい車がほしい。（　）、僕はお金を貯めている。
2　僕にはお金がない。（　）、新しい車がほしい。
3　会社に行くのは楽しい。（　）、仕事にやりがいを感じるからだ。
4　本を読むのが好きだ。（　）、時間がない。

5　天気が悪くなってきた。（　　）、外には出かけない。
ア　だから　イ　しかし　ウ　なぜなら

答　1ア　2イ　3ウ　4イ　5ア

解説

簡単な問題ですが、言葉を論理的に扱うトレーニングなので、丁寧に考えて下さい。大切なのは頭の使い方です。

「だから」は前に理由、「なぜなら」は後に理由と考えます。

1　「お金を貯めている」理由が、前にある「新しい車がほしい」からなので、因果の「だから」。

2　「お金がない」にもかかわらず、「新しい車がほしい」のだから、逆接の「しかし」。

3　「会社に行くのが楽しい」理由が、その後の「仕事にやりがいを感じる」からなので、理由の「なぜなら」。

4　「本を読むのが好き」なのにもかかわらず、「時間がない」ので読めないから、逆接の

「しかし」。
5 「外には出かけない」理由が、前にある「天気が悪くなってきた」からなので、因果の「だから」。

具体から抽象へ、抽象から具体へ

論理的関係を示す接続語に、「イコールの関係」があります。「すなわち」「つまり」「要するに」などがそれで、前の内容を言い換えたり、まとめたりするものです。この「イコールの関係」を使いこなすことが、論理力養成の第一歩です。

このとき大切なことは、具体↓抽象、あるいは抽象↓具体という意識です。

たとえば、「桜」という言葉を例に考えましょう。「桜」という言葉は桜的なものの共通点を抜き取った一般的な概念です。「桜」といっても世界中にさまざまな「桜」の種類があるし、同じ種類の「桜」だって、何千何万本とあります。たとえ、目の前の一本の木であっても、時々刻々に変化しているのです。

「桜」という言葉はそれらの共通点を漠然と抜き取ったものにすぎません。共通点を抜き取ることを抽象と言います。そうしてできあがった「桜」という言葉は非常に曖昧で、漠然とした概念にすぎません。

数学でも、XとかYはどんな数字でも入り得る抽象的なものであり、最終的には「イコールの関係」を利用して、1とか2とか具体的な数値を求めていきます。これは抽象→具体という論理の流れと同じです。

物理でも、「すべてのものとものとが引っ張り合う」という抽象的な万有引力の法則から、月と地球、太陽と地球が引っ張り合うという具体的な事象を説明するわけで、そこには抽象→具体という「イコールの関係」が成り立ちます。

国語では、具体→抽象という流れが、「つまり」「要するに」などで、前の文章の具体的内容をまとめ、一般化するときに使います。逆に、抽象→具体という流れが、「たとえば」などの例示で、抽象的な命題に対して、具体的な事例を証拠として挙げるときに使います。

論理とは、言葉をこうした日本語の規則に従って使うことです。「因果関係」「逆接的関係」と並んで、この「イコールの関係」はさまざまなビジネスシーンでも大いに利用できるものです。

「国語のルール」
「イコールの関係」は具体と抽象の繰り返しである。
論理とは、日本語を一定の規則に従って使うことである。

例示で論証する

論理的な文章では、自分の主張は必ず不特定多数の他者に対して論証する必要があります。論証のないものは単なる感想で、主張とは認められません。主張には論証責任が伴います。

ここでよく使うシグナルが「たとえば」という例示を表す接続語です。

文章を書くときは、いつも読み手が頭に思い浮かべられるように具体例を示すと、分かりやすくなります。たとえば、あなたの企画を文章にするときも、単なる抽象論ではなく、その企画の内容が目の前にイメージできるように、分かりやすい具体例を挙げる必要があります。あるいは、対立する商品や企画を念頭に置いて、それを具体例として挙げて説明するという方法もあります。

その際に「たとえば」というシグナルを使うことで、読み手は「なるほど」と実感しやすくなります。


「国語のルール」

主張には必ず論証責任が伴う。

具体例は主張を裏付ける証拠である。

問題18
次の文の（　）に入る接続語を後の選択肢から選んで、それぞれ記号で答えなさい。
1　衆議院選挙、（　）政局を左右する選挙が行われた。
2　銀行に提出する書類はいろいろある。（　）、戸籍謄本、住民票、印鑑証明などだ。
3　季節の移り変わりがはっきりしていること、（　）四季の変化に富むのが日本の特徴です。

4 おなかがすいていた。（　　）そのまま仕事に出かけた。

5 彼女は僕の母の妹です。（　　）、僕の叔母です。

ア しかし　イ つまり　ウ だから　エ たとえば

答 1イ 2エ 3イ 4ア 5イ

解説

1 「衆議院選挙」＝「政局を左右する選挙」なので、「つまり」。

2 「戸籍謄本、住民票、印鑑証明」は、「銀行に提出する書類」の具体例。

3 「季節の移り変わりがはっきりしている」＝「四季の変化に富む」なので、「イコールの関係」。

4 「おなかがすいていた」にもかかわらず、「仕事に出かけた」のだから、逆接の「しかし」。

5 「母の妹」＝「叔母」なので、「つまり」。

6

論理を導く接続語

何か文章を書くのは、伝えなければならない情報があるときです。ビジネス文書においては、そのことが誤解なく伝わるというのが必須の条件です。書いた企画書が人によってさまざまに異なる解釈がされてしまうようなら、それは企画書としては失格です。

不特定多数の他者に誤解なく伝えるには、論理的に文章を書かなければなりません。そのために必要なのが言葉の規則、特に接続語の使い方です。

ここでは、順接と逆接、因果と理由付け以外の大切な接続語の使い方を訓練していきましょう。

なぜ国語の問題には接続語がよく出るのか

言語には自然言語と人工言語の二種類があります。私たちが今使っている日本語や、あるいは英語などは自然言語で、人間が膨大な年月をかけて自然と作り上げていったものです。

自然言語の大きな特色は曖昧性です。一つの言葉が使う人や場においてさまざまな意味に揺れ動きます。だから、文章中の言葉は、その前後の「言葉のつながり」でその意味を固定しなければなりませんでした。

逆に言うと、自然言語が曖昧さを持っているから、私たちは有限の語彙で無限とも言えるべき事象を表すことができるのです。もし、自然言語が一つの意味しか持ち得ないならば、私たちは無限に近い語彙を習得しなければならなくなります。

一方、その曖昧さが致命的な分野があります。たとえば、数学で＋や＝の意味が、使い手や場の状況でさまざまに揺れ動いたなら、数学の世界は成り立ちません。コンピュータもたちまちにフリーズしてしまいます。

そこで、数式や記号、コンピュータ言語などの人工言語が作り出されました。当然、人工言語は一つの意味しか持ち得ませんから、厳密な規定が必要です。科学用語、法律用語などの専門用語も人工言語の一つです。

専門家とは能力や知識の有無だけではなく、こうした専門用語を使ってものを考えることができる人のことを言います。たとえば特許の文章など、専門家ではないととても理解できない特殊な用語や、独特の文体で書かれていますが、そういった言語を操ることができるのが「弁理士」という仕事です。

日本語という自然言語の中で、接続語だけはそのような人工言語に近い厳密な働きをします。接続語は文と文、語句との論理的関係を示す記号ですから、恣意的な解釈は許されません。答えが一つに決まるため、国語の問題に出題されやすいのです。

私たちは主観的な文章を書いてしまいがちで、読み手もまた恣意的な読みをしてしまう可能性があります。接続語をしっかりと意識することによって、書き手、読み手ともに、共通の規則に従ってコミュニケーションをすることが可能になるのです。

「国語のルール」
自然言語は曖昧性を持っているから、「言葉のつながり」で意味を規定する。
接続語は人工言語に近く、文と文、語句との論理的関係を示す記号である。

話題を転換する接続語

大切な接続語の一つに、「さて」「では」のような話題の転換を示すものがあります。実は、この何の変哲もない言葉が、意外と重要な役割を果たしてくれるのです。

私たちの意識は一つのことにしか集中できないようになっています。人の話を聞いているときでも、Aという話題だと思っているのに、知らないうちにBの話題になってしまうと、頭の中がすっかり混乱してしまいます。

文章の場合も同じで、書き手はAならそのことを論証するべきで、それが証明されないうちに突然次のBという話題を持ち出されると、読み手は論理に飛躍があるように感じてしまいます。

人はもともと主観的な読み方をするのが自然なので、書き手が読み手を誘導していかなければなりません。そこで、話題を変えるときは、必ず「さて」といった話題の転換の接続語を使います。すると、読み手の意識は自ずと次の話題に切り替えようとします。

また、5章でも説明したように、「だから」とあれば、読み手は因果関係を頭に置き、次の展開を自然と予測するし、「しかし」とあれば、次に流れがひっくり返ると予測します。「たとえば」とあれば、具体例を想起し、その例は主張を裏付ける例だろうと受け取って読んでいきます。

「つまり」とあれば、今までの説明をここでまとめてくれるだろうと予期し、「さて」とあれば、話題が変わるのだと、新しい話題に意識を集中させようとします。

接続語は論理的な文章を書く際、最も大切な言葉であり、接続詞を用いることで、分かりやすく、誤解されない文章ができあがるのです。

「国語のルール」
話題を転換するときは、「さて」などの接続語を用いる。接続語を巧みに使うことで、読者を誘導せよ。

添加と選択、並列

間違えやすい接続語に、添加と選択があります。添加とは付け加えるときに使う言葉で、「しかも」「そのうえ」「かつ」などです。それに対して、選択はどちらかを選ぶときで、「または」「あるいは」などです。

「AしかもB」というときは、AとBが同時に成り立つということです。ただし、AとBの比重は決して対等ではなく、あくまでAに重点があり、Bはそれに付け加えるものです。

「彼は勉強ができるし、しかも、スポーツもできる」

この場合は、勉強とスポーツがどちらもできるということですが、重点はあくまで勉強にあります。

それに対して、「AまたはB」の場合は、AかBかのどちらかしか成り立ちません。「ごはんかまたはパンか、どちらにしますか?」と言われたなら、どちらかを選ばなくてはいけません。両方同時に食べるのは規則違反なのです。

この選択に似ているのが、「また」などの並列。

「野菜にはだいこん、にんじん、またごぼうなどがあります」

このときの「また」は単に並べているだけです。

このように接続語はどれも正確に規定された言葉の規則で、文章はその規則に従って書かなければならないし、読むときもその規則に従って解釈しなければなりません。

「国語のルール」
「AかつB」が添加、「AまたはB」が選択、「AまたB」が並列。

では、さまざまな接続語の使い方を確認しましょう。

問題19　次の（　）に入る接続語を、後の選択肢から選んで、記号で答えなさい。

1　森鷗外は小説家であり、（　）、医師でもあった。
2　彼は風邪で、（　）、おなかも痛かった。
3　電車、（　）バスをご利用下さい。
4　もう読み終わりましたね。（　）、次のページに移りましょう。

ア　では　イ　また　ウ　または　エ　しかも

接続語は文と文との論理的な関係を示す記号です。それゆえ、文と文は論理的な関係で成り立っていると言うことができます。接続語を意識すると、文章の読み方が異なってきます。それはそのまま頭の使い方が変わることにつながっていきます。

では、さらにさまざまな文と文との論理的関係をとらえていきましょう。

答　1イ　2エ　3ウ　4ア

解説

1　「小説家」と「医師」とを対等の関係で並べているから、並列の「また」。
2　「風邪」を前提に、「おなかが痛い」ことを付け加えているから、添加の「しかも」。
　二つの事柄を並べた場合、並列と添加とは区別がつきにくいです。並列は、二つを対等な関係で並べるだけですが、添加は後から付け加えるだけなので、対等な関係とは言えません。
3　「電車」か「バス」か、どちらかを選ぶので、選択の「または」。
4　話題の転換の「では」。

　接続語は文と文、語句との論理的関係を示す記号です。そのことを理解するために、次の問題を用意しました。

問題20　次の（　）に入る接続語の説明として、最も適当なものを後のア～カの中からそれぞれ選びなさい。

1 あなたが好きなのは、寿司か、（　）天ぷらか。
2 私は昨日喧嘩をした。（　）、けがまでさせた。
3 今日は体調が悪い。（　）、会社を休んだ。
4 明日はどうも雨らしい。（　）、運動会は決行される。
5 （　）、じゃんけんで決めたらどうだろう。

ア 空所前文の理由が、空所後文となっている。
イ 空所後文の原因が、空所前文となっている。
ウ 空所前文を前提に、空所後文を付け加えている。
エ 話題を転換する。
オ 二つのうち、一つを選択させる。
カ 空所前文の話の流れをひっくり返している。

答 1 オ　2 ウ　3 イ　4 カ　5 エ

解説

1　「寿司」か「天ぷら」か、どちらか一方を選ばなければならないので、「選択」。
2　喧嘩したことを前提に、けがまでさせたことを付け加えているのだから、「添加」。
3　空所前文の「体調が悪い」が、空所後文の「会社を休んだ」理由だから、「因果」。
4　雨ならば運動会は中止になるはずなのに、決行されるので、「逆接」。
5　「じゃんけん」という新しい話題を持ち出したので、「話題の転換」。

接続語のまとめ

接続語に着目して文章を読むことは、論理的読解の第一歩です。そこで、今度は少し長い文章を読んでいきましょう。

問題21

次の文の（　）に入る言葉を、後の選択肢から選んで、記号で答えなさい。

クレオパトラの鼻が曲っていたとすれば、世界の歴史はその為に一変していたかも知れないとは名高いパスカルの警句である。（　１　）恋人と云うものは滅多に実相を見るものではない。（2）、我我の自己欺瞞は一たび恋愛に陥ったが最後、最も完全に行われるのである。

　アントニイもそう云う例に洩れず、クレオパトラの鼻が曲っていたとすれば、努めてそれを見まいとしたであろう。又見ずにはいられない場合もその短所を補うべき何か他の長所を探したであろう。何か他の長所と云えば、天下に我我の恋人位、無数の長所を具《そな》えた女性は一人もいないのに相違ない。アントニイもきっと我我同様、クレオパトラの眼とか唇とかに、あり余る償いを見出したであろう。その上又例の「彼女の心」！　実際我我の愛する女性は古往今来飽き飽きする程、素ばらしい心の持ち主である。のみならず彼女の服装とか、或は彼女の財産とか、或は又彼女の社会的地位とか、――それらも長所にならないことはない。（3）甚しい場合を挙げれば、以前或名士に愛されたと云う事実乃至《ないし》風評さえ、長所の一つに数えられるのである。しかもあのクレオパトラは豪奢と神秘とに充ち満ちたエジプトの最後の女王ではないか？　香の煙の立ち昇る中に、冠の珠玉でも光らせながら、蓮の花か何か弄んでいれば、多少の鼻の曲りなどは何人の眼にも触れなかったであろう。（4）アントニイの眼をやでである。

芥川龍之介「侏儒《しゅじゅ》の言葉」

ア　更に　イ　しかし　ウ　いや　エ　況《いわ》んや

答　1 イ　2 ウ　3 ア　4 エ

解説

1　空所直前はパスカルの警句。それに対して、空所直後はそれを否定した言説なので、逆接「しかし」。

2　前の文の内容を、後の文で言い換えているので「いや」が答え。このときの「いや」は一種の強調表現です。

3　長所の例を付け加えているので、添加の「更に」。

4　「況んや〜をや」という構文。連続する二文で、前の文がそうなのだから、後の文も当然そうなるといった使い方。

問題22　次の文の（　　）に入る言葉を、後の選択肢から選んで、記号で答えなさい（文章は問題21の続き）。

こう云う我我の自己欺瞞はひとり恋愛に限ったことではない。我々は多少の相違さえ除けば、大抵我我の欲するままに、いろいろ実相を塗り変えている。（ 1 ）歯科医の看板にしても、それが我我の眼にはいるのは看板の存在そのものよりも、看板のあることを欲する心、――牽《ひ》いては我々の歯痛ではないか？　勿論我我の歯痛などは世界の歴史には没交渉であろう。しかしこう云う自己欺瞞は民心を知りたがる政治家にも、敵状を知りたがる軍人にも、或は又財況を知りたがる実業家にも同じようにきっと起るのである。わたしはこれを修正すべき理智の存在を否みはしない。同時に又百般の人事を統《す》べる「偶然」の存在も認めるものである。が、あらゆる熱情は理性の存在を忘れ易い。「偶然」は（ 2 ）神意である。すると我我の自己欺瞞は世界の歴史を左右すべき、最も永久な力かも知れない。

（ 3 ）二千余年の歴史は眇《びょう》たる一クレオパトラの鼻の如何に依《よ》ったのではない。寧《むし》ろ地上に遍満した我我の愚昧《ぐまい》に依ったのである。哂《わら》うべき、――（ 4 ）壮厳な我我の愚昧に依ったのである。

ア　つまり　イ　云わば　ウ　たとえば　エ　しかし

答　1ウ　2イ　3ア　4エ

解説

1　「歯科医の看板」の例を挙げているので、例示の「たとえば」。
2　「偶然は」の後、次にそれを言い換えているので、「云わば」。
3　最後に結論をまとめているから、まとめの「つまり」。
4　空所直前の「哂うべき」に対して、空所直前が「荘厳な」とあるので、逆接の「しかし」。

7

関係と距離を示す指示語

「これ」「あれ」「その」のような「指示語」は、いったい何のためにあるのでしょう？

思い返せば、接続語と同様、小学生のころから、「『これ』は何を指すのか」などという問題を嫌と言うほど繰り返し解かされてきたのではないでしょうか。それが現在の社会生活に役に立っているのでしょうか？

指示語は接続語と並んで、文や語句との論理的関係を示す記号です。指示語と指示内容との間には「イコールの関係」が成り立ちます。

関係を整理する指示語

まず基本的なことから説明しましょう。

あることを話すか、書いたとします。そして、次にまたそのことを持ち出して話を展開しようとします。同じことを何度も繰り返すのは書き手にとっても煩わしいし、読み手によってもごちゃごちゃして分かりにくくなります。

そういったとき、そのあることを指示語に置き換えるのです。

○○○○○（指示内容）

＝

これは〜（指示語）

「これ」は、○○○○○を置き換えたもので、「これ」は○○○○○を指しているとか、○○○○○は「これ」の指示内容と言います。

このとき、指示語と指示内容との間には、「イコールの関係」が成り立ちます。

「国語のルール」
指示語は、「イコールの関係」を示す記号である。

もしも指示語がなかったら

次の文章を読んで下さい。宮沢賢治の名作「銀河鉄道の夜」の冒頭付近の場面で、学校の先生が授業中、銀河について説明をしているときのセリフです。

「ですからもしも先ほど指さした天の川がほんとうに川だと考えるなら、先ほど指した天の川の一つ一つの小さな星はみんな天の川のそこの砂や砂利の粒にもあたるわけです。また天の川の一つ一つの小さな星を巨きな乳の流れと考えるならもっと天の川とよく似ています。つまり天の川の一つ一つの小さな星はみな、乳のなかにまるで細かにうかんでいる脂油《しゆ》の球にもあたるのです。そんなら何が天の川の水にあたるかと云いますと、天の川の水にあたるものは真空という光をある速さで伝えるもので、太陽や地球もやっぱり真空という光をある速さで伝えるもののなかに浮《うか》んでいるのです。」

どうでしたか？　読みにくくなかったですか？

実は宮沢賢治の名文を、私が指示語を一切使わない文に書き直したのです。

これで指示語がいかに文章を読みやすくしているのかが分かったのではないでしょうか？

原典を次に挙げましょう。

「ですからもしもこの天の川がほんとうに川だと考えるなら、その一つ一つの小さな星はみんなその川のそこの砂や砂利の粒にもあたるわけです。またこれを巨きな乳の流れと考えるならもっと天の川とよく似ています。つまりその星はみな、乳のなかにまるで細かにうかんでいる脂油の球にもあたるのです。そんなら何がその川の水にあたるかと云いますと、それは真空という光をある速さで伝えるもので、太陽や地球もやっぱりそのなかに浮んでいるのです。」

「銀河鉄道の夜」の文体自体が独特で、一文も長いので、慣れない人には原文でも読みにくく感じたかもしれません。もう一つ、練習問題を通して指示語の大切さを実感してみましょう。

問題23

仕事から眼を上げないで、お雪は答えた、――
『その人の話をしてちょうだい。……どこでおあいになったの』
そこで巳之吉は渡し守の小屋で過ごした恐ろしい夜の事を彼女に話した、――そして、にこにこしてささやきながら、自分の上に屈んだ白い女の事、――それから、茂作老人の物も云わずに死んだ事。そして彼は云った、――

これは小泉八雲の「雪女」の一場面である。これに続く文章を指示語を使わない文章に変換した。これをもとの文章に直しなさい。

『眠っている時にでも起きている時にでも、お前のように綺麗な人を見たのは渡し守の小屋で過ごした恐ろしい夜の時だけだ。もちろん渡し守の小屋で過ごした恐ろしい夜に見た人は人間じゃなかった。そしてわしは渡し守の小屋で過ごした恐ろしい夜に見た女が恐ろしかった、――大変恐ろしかった、――が渡し守の小屋で過ごした恐ろしい夜に見た女は大変白かった。……実際わしが見たのは夢であったかそれとも雪女であったか、分らないでいる』……

読んでいると、何だか眼がチカチカしてきませんか？　指示語の役割は大きいということですね。

答

『眠っている時にでも起きている時にでも、お前のように綺麗な人を見たのはその時だけだ。もちろんそれは人間じゃなかった。そしてわしはその女が恐ろしかった、——大変恐ろしかった、——がその女は大変白かった。……実際わしが見たのは夢であったかそれとも雪女であったか、分らないでいる』……

この後の文章が気になるかもしれませんから、少しだけ紹介しておきましょう。

お雪は縫物を投げ捨てて立ち上って巳之吉の坐っている処で、彼の上に屈んで、彼の顔に向って叫んだ、——

『それは私、私、私でした。……それは雪でした。そしてその時あなたが、その事を一言でも云ったら、私はあなたを殺すと云いました。……そこに眠っている子供等がいなかったら、今すぐあなたを殺すのでした。でも今あなたは子供等を大事に大事になさる方がいい、もし子供等があなたに不平を云うべき理由でもあったら、私はそれ相当にあなたを扱うつもりだから』……

彼女が叫んでいる最中、彼女の声は細くなって行った、風の叫びのように、——それから彼女は輝いた白い霞となって屋根の棟木の方へ上って、それから煙出しの穴を通ってふるえながら出て行った。……もう再び彼女は見られなかった。

小泉八雲「雪女」

「国語のルール」
指示語は文章を論理的に整理し、簡潔にする役割がある。

指示語は距離が大切

指示語には当然、指示すべき内容があります。そして、指示語と指示内容との間には「イコールの関係」が成り立っています。

このように論理的な記号であるはずなのに、たいていの人はこの指示語を何となく使っているのです。「これ」「あれ」「その」と指示語を使うことによって、物事を正確に説明することなく、感覚的に表現してしまっているのです。

昔、私が代々木ゼミナールの講師をしていたころ、こんな場面に遭遇したことがあります。

講師室の四人がけのテーブルで、私と二人の英語の講師とが談笑していました。

一人の英語の講師は当時テレビにも出演するミックジャガー似という有名な東京の講師でした。彼は英語講師に多い感覚的な話し方で、何でも「これ」「あれ」「それ」と指示語を使って話すのです。

それに対して、もう一人の英語の講師は大阪の看板講師で、英語を論理的に読解することが売りでした。しかも、非常に生真面目な性格なのです。

その大阪の講師が東京の講師を問い詰めました。東京の講師が指示語を使って喋るたびに、彼は「ちょっと待った！　今の指示語は何を指していますか？」といちいち尋ねたのです。

もちろん、東京の講師は目を白黒させて答えることができませんでした。何となく気分で話しているだけなので、本人は指示語を使ったことさえ自覚はなかったのでしょう。

二人の間には気まずい空気が漂いました。

日常では、このように指示語を感覚的に使っている人も多いのではないでしょうか。

指示語は一度述べたものを再度繰り返すときに使うものですが、あることを述べて、それからずいぶんたった後にそれを繰り返すとき、果たして指示語は使えるのでしょうか？

もちろん、答えはノーです。

前に述べたことを指示語を使わずに、再度簡潔に言い換えるのですが、ここで問題になるのは指示語の「距離」です。つまり、指示語は近いところしか指すことができないのです。

では、どれだけ距離が離れていれば指示語を使うことができず、逆に、どれだけ近ければ指示語を使っていいのでしょうか？

その答えは、実は「書き手しだい」です。つまり、書き手が一度書いたことがまだ読者の意識に残っていると判断したから指示語を使ったのであって、もし、読者の意識にはないと考えたなら、指示語を使わずに、再度同じことを簡潔に言い換えるはずです。

ここにも「イコールの関係」が成立しています。よく国語の試験問題で「傍線部と同じ内容の箇所を抜き出しなさい」とあるのは、そういった「イコールの関係」を利用しているのです。

「国語のルール」
指示語は距離が大切なので、指示内容は近い箇所から検討せよ。
書き手が読者の意識に残っていると判断したとき、指示語を使用する。

問題24

悟空の今一つの特色は、けっして過去を語らぬことである。というより、彼は、過《す》去《ぎ》ったことは一切忘れてしまうらしい。少なくとも個々の出来事は忘れてしまうのだ。その代わり、一つ一つの経験の与えた教訓はその都度、彼の血液の中に吸収され、ただちに彼の精神および肉体の一部と化してしまう。いまさら、個々の出来事を一つ一つ記憶している必要はなくなるのである。彼が戦略上の同じ誤りをけっして二度と繰返さないのを見ても、これ（1）は判る。しかも彼は その（2）教訓を、いつ、どんな苦い経験によって得たのかは、すっかり忘れ果てている。無意識のうちに体験を完全に吸収する不思議な力をこの猴《さる》は有《も》っているのだ。

中島敦「悟浄歎異」

1　傍線部1の指示内容を25字以内で答えなさい。
2　傍線部2の指示内容を抜き出しなさい。

答

1　経験から得た教訓を精神や肉体の一部と化すこと。

2　一つ一つの経験の与えた

解説

中島敦の代表作の「悟浄歎異」からの出題です。「西遊記」はご存じですね？　この物語を沙悟浄の視点から描くことで、中島敦独自の世界に再構築したものです。

さて、指示語が何を指すかは、出てくる可能性が高い指示語の直前の文から順次検討していきます。

1　主語が「これは」で、述語が「判る」。そこで、何が判るのか、その内容を直前から探すと、「一つ一つの経験の与えた教訓はその都度、彼の血液の中に吸収され、ただちに彼の精神および肉体の一部と化してしまう」

後は、これを制限字数以内にまとめます。

2　傍線部は「教訓」を説明した言葉です。そこで、どんな教訓か直前から検討すると、「一つ一つの経験の与えた教訓」が見つかります。

基本的には、指示語は「イコールの関係」という言葉の規則にのっとっているので、必ず論理的に分析できるはずなのです。

8

品詞を正確に使う

国語の文法の授業で、名詞、動詞、助動詞など、品詞の種類といった口語文法を学習しましたね。あれはいったい何の役に立っているのでしょうか？　何のために古文ではない、現代の国語でも文法を学習しなければならなかったのでしょう？

正しい文章は品詞分解から

私たちは主観から自由になれない宿命にあります。それでも自分の伝えたいことをできうる限り正確に表現しようと、共通の規則に従って言葉を操っています。

その規則の出発点が、一文を品詞という最小単位に分解し、それを整理、分類することです。それらの構成要素を理解し、つねに間違えずに使えるようになっていれば、正しい文章を組み立てることができます。

「国語のルール」
口語文法は日本語の共通の規則である。
品詞は論理的な分類、整理法に基づく。

単語を二つに分けると

すべての学問において、分類は基本的な考え方です。たとえば、生物学では生物は動物と植物に分けられ、その動物は脊椎動物と無脊椎動物とに分けられるというように、個々の生物の共通性を発見し、それによって大きな枠からしだいに小さな枠へと分類していきます。これも物事を規則に従って分けるという論理的な方法によるものです。

さて、私たちが日常使っている日本語はどうでしょうか?

問題25

1　単語と文節の違いを述べなさい。

2　次の文を単語と文節に分けて、それぞれ答えなさい。

織田信長は戦国時代に天下を統一した。

答

1　単語は言葉の最小限の単位、それに対して、文節は意味上の最小限の単位。

2　単語　信長　は　戦国　時代　に　天下　を　統一　し　た
　　文節　信長は　戦国　時代に　天下を　統一した

解説

言葉の最小限の単位を単語と言います。「信長」「は」「天下」「を」など、これ以上細かく分類することはできません。

それに対して、文節とは何か？

このことについて、少し考えてみたいと思います。

一文を単語に分解した段階で、単語には二種類あるということに気がつきましたか？

「信長」「戦国」「時代」「天下」「統一し」は、単独で意味を持ちますが、「は」「に」「を」「た」はそれだけでは何のことが分かりません。

単語は大きく単独で意味を持つ自立語と、単独で意味を持ち得ない付属語とに分けることができるのです。

意味上の最小限の単位は「文節」です。単独で意味を持たない付属語は、必ず自立語とくっついて文節を作ろうとします。

「信長」＋「は」、「時代」＋「に」、「天下」＋「を」、「統一し」＋「た」

という具合に文節を作っていくのです。

文節は意味上の最小限の単位なので、付属語を直前の自立語にくっつけて文節を作る、これが言葉の規則です。

「私は」「朝」「早く」「起きた」などは、すべて自立語か、自立語に付属語がついた形です。

「国語のルール」
単語　言葉の最小限の単位。
文節　意味上の最小限の単位（自立語＋付属語）。
自立語　単独で意味が成り立つ単語。
付属語　自立語にくっついて文節を作る単語。

付属語を分類する

今から、単語を十種類に分類してみましょう。

さて、単語は大きく自立語と付属語とに分けることができました。そこで、付属語をすべて並べてみると、活用するものと活用しないものとに分けることができます。

活用するもの　助動詞

活用しないもの　助詞

「私は学校で英語を習った」という文を例に挙げると、「は」「で」「を」が活用しない助詞、「た」が活用する助動詞となります。

「国語のルール」
付属語で活用するのが助動詞、活用しないのが助詞

規則には例外がつきもの

言葉と文法の問題を考えるとき、規則はもちろん重要ですが、例外こそが重要となる場合もあります。

なぜなら、言葉は自然とできたものであり、文法という規則が先にあるのではありません（規則からできた言語がエスペラント語などです）。生きた言葉を規則で分類するときには、必ず規則に当てはまらない例外が生じます。その例外を先に覚えてしまえば、後はすべて規則通りに処理することができます。

たとえば、古文で動詞の活用では、

四段活用、上二段活用、下二段活用、

上一段活用、下一段活用、ナ変活用、ラ変活用、カ変活用、サ変活用

の九種類の活用に分類しなければなりません。

これは大変ですね。実は、規則で分類できるのは、たった三種類です。「ず」をつけて、ア段に活用するのが四段、イ段に活用するのが上二段、エ段に活用するのが下二段です。

後の六種類はすべて例外。

例外なので、「上一、下一、奈良の傘（ナ変、ラ変、カ変、サ変）」と覚えればよいのです。

活用するかしないかの違い

これで十品詞のうち、残りは自立語の八品詞。

そのうち、例外は独立語といわれる感動詞。「はい」とか「やあ」とか、例外的な単語と考えていいでしょう。

残った七品詞を付属語のときと同じように、活用するか、活用しないかで分類すると、

活用する自立語　動詞・形容詞・形容動詞

活用しない自立語　名詞・副詞・連体詞・接続詞

となり、ここで手詰まりとなってしまいます。

さあ、ここからどうすればさらに細かく分類できると思いますか？　活用する自立語をいくつか並べてみて下さい。

動く／きれいだ／美しい／平和だ／歌う／よい／歩く

これらはどこで区別したらいいと思いますか？　終止形に着目すると、これらを三つの品詞に分類できます。

動詞　終止形がウ段　動く・歌う・歩く
形容詞　終止形がイ段　美しい・よい
形容動詞　終止形が「だ」　きれいだ・平和だ

いよいよ残りの活用しない自立語をどう分けるかです。そこで「体言」「用言」という文法用語があります。体言は、主語となる言葉。それに対して、用言は述語となる言葉。体言は名詞しかないのに、なぜわざわざ体言という言い方が必要だったのでしょうか？

実は、自立語をどのように分類するかの答えがここにあったのです。自立語は、その役割（機能）で分類したのです。では、単語にはどんな役割があるのでしょうか？

まずは主語となる働き（体言）

次に述語となる働き（用言）

そして、修飾する働き、

この三つの働きが最も大切なものなのです。ここでも主語と述語が大切だということが分かります。

主語となる働き（体言）　名詞

述語となる働き（用言）　動詞・形容詞・形容動詞

さて、修飾する場合は、主語と述語という要点となる言葉を飾ることが多いとすでに学習しました。そこで、

体言を修飾　連体詞

用言を修飾　副詞

と、分類できます。

動詞・形容詞・形容動詞・助動詞と、活用する言葉で体言に修飾する形を連体形、用言に修飾する形を連用形というのですが、これも体言・用言という言葉からきています。

残ったのは、言葉と言葉をつなげる役割である接続詞。それに独立語である感動詞を加え

ると、これで十品詞が完成です。

品詞の規則を見ると、日本語が意外と規則的にできていることが分かったと思います。こうした品詞の文法的知識は、確かにそのまま何かビジネスで役立つわけではありません。中学・高校のとき、こうした文法を暗記するだけで終わりにしてきたのではないでしょうか？

ですが、品詞という日本語の構成要素を理解し、文法という「日本語の規則」をふまえたうえで、初めて正しいビジネス文書を書いたり正しく話したりできるのです。

「国語のルール」
言葉の中心は主語となる体言と、述語になる用言。

問題26
次の傍線1～10の言葉を十品詞に分類し、それぞれの品詞名を後の選択肢から選んで答えなさい。

1やあ　2君　は　3元気　4か？

[5]よい 天気 [6]だ ね。
[7]でも [8]この 天気 は [9]きっと 続か
ない から、早く [10]出かけ よう。

名詞 動詞 形容詞 形容動詞 副詞 連体詞 接続詞 感動詞 助動詞 助詞

答
1 感動詞 2 名詞 3 形容動詞 4 助詞 5 形容詞
6 助動詞 7 接続詞 8 連体詞 9 副詞 10 動詞

解説
1 独立語だから、感動詞。
2 主語になるから名詞。
3 終止形が「元気だ」と「だ」で終わるから、形容動詞。
4 付属語で活用しないから、助詞。
5 終止形が「よい」と「イ段」で終わるから、形容詞。
6 付属語で活用するから、助動詞。

7　文と文をつなげているから、接続詞。
8　「天気」という名詞（体言）を修飾するから、連体詞。
9　「続かない」と用言を修飾するから、副詞。
10　終止形が「出かける」とウ段だから、動詞。

9

文章力に差をつける助動詞と助詞

単独で文節を作らない付属語のうち、「れる」「られる」「ない」「です」など、活用するのが助動詞、「は」「に」「へ」など、活用しないのが助詞でした。

この助動詞と助詞は、それほど重要そうに見えないかもしれませんが、この両者で文章を形成する単語の三割程度を占めており、これらの使い方を学ぶことで、表現力が大幅に向上します。

もちろん、日常使う話し言葉の中にも助動詞、助詞が三割以上は入っているので、基本的には、私たちはすでに助動詞、助詞を使いこなしているはずです。ですが、使い方を意識することで、より効果的な表現が可能になります。

短い文は助動詞が増える

次の文章は坂口安吾の「桜の森の満開の下」の一部です。

昔、鈴鹿峠にも旅人が桜の森の花の下を通らなければならないような道になっていました。花の咲かない頃はよろしいのですが、花の季節になると、旅人はみんな森の花の下で気が変になりました。できるだけ早く花の下から逃げようと思って、青い木や枯れ木のある方へ一目散に走りだしたものです。一人だとまだよいので、なぜかというと、花の下を一目散に逃げて、あたりまえの木の下へくるとホッとしてヤレヤレと思って、すむからですが、二人連は都合が悪い。なぜなら人間の足の早さは各人各様で、一人が遅れますから、オイ待ってくれ、後から必死に叫んでも、みんな気違いで、友達をすてて走ります。

坂口安吾「桜の森の満開の下」

特に一文が長いというわけではありませんが、試しにこれをあえて短い文に変えてみましょう。傍線箇所は変更したところです。

昔、鈴鹿峠にも旅人が桜の森の花の下を通らなければならないような道になっていました。花の咲かない頃はよろしいのです。しかし、花の季節になりました。すると、旅人はみんな森の花の下で気が変になりました。できるだけ早く花の下から逃げようと思いました。そこで、青い木や枯れ木のある方へ一目散に走りだしたものです。一人だとまだよいのです。なぜかというと、花の下を一目散に逃げて、あたりまえの木の下へくるとホッとします。ヤレヤレと思って、すむからです。しかし、二人連は都合が悪い。なぜなら人間の足の早さは各人各様です。一人が遅れます。すると、オイ待ってくれ、後から必死に叫びます。でも、みんな気違いです。友達をすてて走ります。

さて、どこが変わりましたか？　もちろん、これは極端な例ですが、単に文章が長くなっただけでなく、「しかし」「すると」などの接続語と、「です」「ます」などの助動詞が増えていることがわかります。

文を切らずに「が」「と」などの接続助詞でつなげていたものを、文を切って接続詞でつなげることになります。その接続詞もたいていは順接か逆接なので、同じ言葉を何度も使わなければなりません。さらに一文の語尾に助動詞を使うので、当然助動詞を多用することになります。

ところが日本語の語尾は「です」「ます」調か、「だ」「である」調ですので、自然と「です」「です」「です」、あるいは「だ」「だ」「だ」と、単調な語尾になってしまうのです。

もちろん、あまり長い一文だと、文章が冗漫となり、しかも、主語と述語がねじれたり、言葉のつながりがおかしかったりと、間違った文を書いてしまう可能性が高くなります。短い文の方が簡潔で、力強い印象を与えるのですが、そのとき、助動詞の使い方を工夫しなければなりません。

文体は個性ですから、一人一人自分に合った文の長さを見つけるべきだし、やはり多少一文が長くても、適度の長さというものがあるのです。

「国語のルール」
一文には適度の長さがある。
短い文で書くには、助動詞の使い方の工夫が必要である。

より微妙な表現を身につける

英語では中学で学び始めるときから、みっちりと文法を学習します。それに対して、国語はそれほど文法に多くの時間を費やすことはしません。

なぜなら、日本語は英語のように過去形や疑問形、未来形、受け身、仮定法、完了形などで文の形自体が変わることはなく、すべて助動詞と助詞をつけるだけでよいからです。

特に用言にくっついて述語を形成する助動詞は、自在に使いこなせれば、正確で、なおかつ微妙な表現ができるようになります。

問題27 次の傍線部からは、書き手のどのような気持ちが伝わるか、後のア〜キから選んで、記号で答えなさい。

1 これは事実に違いない。
2 これは事実だそうだ。
3 これは事実かもしれない。
4 みんなで研究するべきだ。
5 みんなで研究してみる。
6 みんなで研究している。

ア ためしにすることを示している。
イ 不確かな感じで推測している。

ウ　今、進行中であることを示している。
エ　たとえて言っている。
オ　人から聞いて言っている。
カ　かなり確かだと見当をつけて言っている。
キ　そうしたほうがよいと言っている。

答　1カ　2オ　3イ　4キ　5ア　6ウ

解説
1　「違いない」は確信を持ったときに使います。
2　「そうだ」には、人から聞いたとき（伝聞）と、自分で推測するとき（推定）とがあります。
3　「かもしれない」は推測するときに使うのですが、「違いない」に比べると、かなり不確かな場合です。
4　推量の「べし」ですが、そうなるはずだと強く予測したり、義務づけたり、命令したりと、かなり強い語調の言葉です。

5　「研究する」に対して、「研究してみる」となると、とりあえず試してみるといったニュアンスがついて表現が弱くなります。

6　「研究する」に対して、「研究している」は現在進行形的なニュアンスになります。

このように助動詞一つで、日本語は微妙なニュアンスを表現することができるのです。

「国語のルール」
どのようなニュアンスで表現したいかによって、適切な助動詞を選択する。

繊細な表現を可能にする助詞

問題28
次の説明にふさわしい例文を、ア〜オの中から選び、記号で答えなさい。ただし選択肢の中には、日本語として間違ったものもある。

1　猫が追いかけているのがネズミであることを言っている。

2　猫がネズミ以外にも追いかけているものがあると言っている。
3　猫が追いかけているのはネズミ以外にはないことを言っている。

ア　猫はネズミから追いかける。
イ　猫はネズミだけ追いかける。
ウ　猫はネズミに追いかける。
エ　猫はネズミを追いかける。
オ　猫はネズミも追いかける。

答　1 エ　2 オ　3 イ

解説
1　普通の文ですね。この場合の「を」は対象を示す助詞です。
2　この場合の「も」は他にも類似したものがあることをほのめかす係助詞です。
3　この場合の「だけ」は限定の意味を表す副助詞です。

助詞は日常会話から

助動詞、助詞の用法をときには正確に学習することも効果的ですが、今から口語文法を頭に詰め込む必要はありません。

すでに述べたように日本語の三割以上が助動詞、助詞ですから、私たちはふだん意識することなく、たいていは正しく助動詞や助詞を使って話しています。

ただふだん何気なく使っているうちに、不正確な使い方になったり、ワンパターンのしゃべり方になったりすることはよくあります。実際、たいていの人のしゃべり方は単調であり、特定の助動詞や助詞ばかり使ってしまう傾向があるようです。

ときにはこうした国語の問題を解いてみて、助動詞や助詞の使い方を確認してみることが有効かもしれません。

「国語のルール」
助動詞、助詞はふだんの言葉遣いをチェックせよ。
ときには効果的な助動詞、助詞の使い方をして、表現を豊かにせよ。

問題29　次の1～4の（　）に最もよく当てはまるものを後から選んで、それぞれ記号で答えなさい。

1　君（　）よければ、一緒に出張へ行こう。
ア　ばかり　イ　だけ　ウ　すら　エ　さえ

2　中国大陸（　）自動車で横断することはとても難しい。
ア　で　イ　に　ウ　を　エ　が

3　今日の発表で、君（　）紹介したリポートがとても気に入ったよ。
ア　を　イ　は　ウ　へ　エ　の

4　冬だという（　）本当に暖かい。
ア　ので　イ　のに　ウ　から　エ　より

答 1 エ 2 ウ 3 エ 4 イ

解説

1 迷うとすると、「すら」と「さえ」でしょうか。

ともに極端な例を挙げ、そこから他を推測させる用法です。

例「先生さえ解けない問題だから、君に解けるはずがない」。この場合、「さえ」の代わりに、「すら」を使ってもかまいません。

ところが、「さえ」には、「すら」にはない用法があるのです。仮定条件の中で用いられ、そのことだけですべてが満足される場合です。

「お金さえあれば、満足だ」、「これはもしお金があれば、それですべて満たされる」という意味で、このとき「すら」を使うことはありません。

「君さえよければ」もこれと同じ用法で、「もし君がよければ、それですべて満たされる」という意味になります。

2 まず述語に着目するのが、手順。「横断する」の目的語が「中国大陸」なので、目的語を表す「を」が答え（移動性の場所を表しています）。

3 「の」は、「僕のリポート」というように連体修飾するのですが、「僕の紹介したリポート」というように主格にもなります。
4　冬は当然寒いはずなのに、直後で「暖かい」と話の流れをひっくり返しているので、逆接の「のに」が答え。

10

論理的な文章にする

ビジネス文書では、文法に基づいた正確な文を書くことは基本中の基本です。

文法という日本語の規則を意識することで、しだいに正確で、分かりやすい文章を書くことができるようになります。

単語が集まり、文節ができます。

文節が集まり、一文ができます。

一文が集まり、段落ができます。

段落が集まり、まとまった文章ができるのです。

そして、それらはすべて言葉の規則で成り立っています。

言葉は論理でつながる

今度は、その言葉の規則を意識して、正確な文を作成するトレーニングです。

問題30
次の文について、それぞれに挙げた言葉を用いて文を作るとき、一つだけ不要な言葉がある。その言葉を答えなさい。

1 目指すのだ　君たちには　人に　社会に　なってほしい　役立つような

2 見ると　何か　彼が　みえる　あったと　ところを　どうして　笑っている　いいことが

3 毎日　つれて　うちの　ひどい日　犬を　以外は　散歩に　たぶん　行くことにした　雨の

答

1 目指すのだ（君たちには社会に役立つような人になってほしい）

2 どうして（彼が笑っているところを見ると何かいいことがあったとみえる）

3 たぶん（雨のひどい日以外は毎日うちの犬を散歩につれていくことにした）

解説

答えが合っているのかどうかではなく、言葉の規則に従って一文を作成できたかどうかが大切です。

最初に述語を決定し、そこから主語を考えましょう。

1　述語となるのは、「目指すのだ」と「なってほしい」。ところが、主語が省略されているので、「言葉のつながり」を考えます。すると、「人に」↓「目指すのだ」とはつながらないことが分かります。そこで、「人に」↓「なってほしい」。

後は、「君たちには」↓「なってほしい」、「社会に」↓「役立つような」↓「人に」↓「なってほしい」とつながるので、「目指すのだ」が不必要な言葉です（「なってほしい」に対して、主語は「私は」で省略されています）。

2　一見、述語が「わらっている」と「みえる」の二つだと思えます。ところが、「彼が」↓「笑っている」↓「ところを」↓「見ると」と、言葉がつながります。

後は、「何か」↓「いいことが」↓「あったと」↓「みえる」とつながります。「どうして」につながる言葉がありません。

3　述語は「行くことにした」で、それに対する主語の「私は」は省略されています。

「雨の」↓「ひどい日」↓「以外は」とつながります。後は、「毎日」↓「つれて」、「散歩に」↓「つれて」、「うちの」↓「犬を」↓「つれて」とつながり、最後は、「つれて」↓「行くことにした」となるので、「たぶん」が不必要です（実際には「たぶん」は「〜だろう」と呼応するので、瞬時に「たぶん」が不必要と分かるのですが)。

「国語のルール」
述語を決定し、次に主語を決める。
言葉の規則を意識して、一文を作成せよ。

次の問題も言葉の規則を意識して解きましょう。

問題31
次の三つの文を組み合わせて一文にしなさい。

1　私は、毎日勉強します。
私は、英語を勉強します。
私は、海外に赴任するために勉強します。

2　甘い思い出がある。

人生には、思い出がいろいろある。
苦い思い出がある。

答

1　私は海外に赴任するために、毎日英語を勉強します。
2　人生には、甘い思い出や苦い思い出など、いろいろある。

解説

1　三つの文はどれも主語の「私は」と、述語の「勉強します」が共通なので、「私は勉強します」がひとまず決定です。

その他の要素として、「毎日」「英語を」「海外に赴任するため」を入れ込みます（語順が異なっていても正解です）。

2　三つの文はどれも主語の「思い出が」と、述語の「ある」が共通なので、「思い出がある」がひとまず決定です。

残った言葉ですが、「甘い」「人生には」「いろいろ」「苦い」ですが、これらの言葉の論理的関係を考えると、「人生には」→「ある」とつながるのですが、「甘い」と「苦い」は「いろいろ」の具体例だと分かります。
そこで、「甘い思い出や苦い思い出など」→「いろいろある」とします。

「国語のルール」
言葉を単に並べるのではなく、その論理的関係を考えよ。

問題32
2が文の要点になるように、1と2の文を合わせて一文にしなさい。
1　環境はかけがえのないものだ。
2　人間は文明を築くために環境を破壊してきた。

答　人間は文明を築くために、かけがえのない環境を破壊してきた。

解説
前問との違いが分かったでしょうか？
今回の問題は単に二文を一文にするのではなく、あくまで2を要点としなければなりません。つまり、2の文自体を変えることなく、1の要素を2に入れ込まなければならないということです。

そこで、1の文を「環境」を説明する語句へと変形します。そして、その「かけがえのない環境」を2の文に代入するのです。

重文と複文を見分ける

国語では、「私は会社員だ」のように、主語と述語の関係が一つの文を単文といいます。そして2章で説明したように、主語と述語の関係が複数ある文のうち、その関係が対等なものを重文、対等でないものを複文といいます。

例を挙げましょう。

僕は英語が得意で、彼女は会計が得意だ。

これは「僕は~得意だ」「彼女は~得意だ」と、複数の主語と述語の関係がありますが、この関係は対等なので重文なのです。

僕は彼女が苦手である英語が得意だ。

これも「僕は～得意だ」、「彼女が～である」と複数の主語と述語の関係がありますが、あくまで一文全体の主語は「僕は～得意だ」であり、「彼女が苦手である」は「英語」を説明する語句にすぎません。

このように主語と述語の関係が対等でないものが複文です。

そして、問題32は複文を作成する問題だったのです。

「国語のルール」

単文　主語と述語の関係が一つの文。
重文　主語と述語の関係が複数あって、それらが対等な関係である文。
複文　主語と述語の関係が複数あって、それらが対等な関係でない文。

論理力を鍛える「要約」のトレーニング

一文には要点となる主語と述語がありました。言葉の規則に従ってそれがどれかを把握すると、一文の要点をまとめることができます。

一文を複数まとめた文章でも、要点とそれを説明する飾りの文章とがあります。論理的に読むことによって初めて、その要点をつかむことができるのです。その要点を論理の順番に従って組み立て直すと、要約文ができます。

要約は文章の論理力養成のための最も有効な方法なのです。

問題33

本当に自然を守りたいと願うのであれば、野生の生き物を捕ることを趣味にしている人は有能な自然のモニターだし、自然保護の重要な担い手となりうるのだから、もっと高く評価されてよいと思います。

問　問題文の要点を、次の指定された字数に従ってまとめなさい。

（　11字　）を（　8字　）は、（　12字　）。

答　〈野生の生き物を捕ること〉を〈趣味にしている人〉は、〈もっと高く評価されてよい〉。

解説

要約は、自分の感覚や直感によるのではなく、日本語の規則に従って論理的にまとめるものです。

要約文の述語を考えると、「もっと高く評価されてもよい」だと分かります。次の、主語に対応する主語を考えると、「野生の生き物を捕ることを趣味にしている人は」だと分かります。これが文の要点です。

「有能な自然のモニターだし、自然保護の重要な担い手となりうるのだから」という部分は、「から」があるので、「もっと高く評価されてもよい」の理由を示す部分にすぎず、要点ではありません。

「国語のルール」

要約とは、文章の要点を論理の順番に組み立てること。

問題34

次の文の要点をア～エから選び、記号で答えなさい。

国際化が進む世の中にあって、外国語を学ぶ人が増えてきているが、外国語を話せるようになったからといって、国際人になったとは言えない。

ア　外国語が話せるので、国際人といってよい。
イ　外国語が話せなければ、国際人とは言えない。
ウ　国際人は、外国語が話せるだけではいけない。
エ　国際人は、外国語を話せなければならない。

答　ウ

解説

「国際化が進む世の中にあって、外国語を学ぶ人が増えてきているが」は話の前提となる箇所であって、文の要点ではありません。

「外国語を話せるようになったからといって、国際人になったとは言えない」が要点ですが、これをもっと簡潔に言い換えると、「外国語が話せるだけでは国際人ではない」→ウ「国際人は、外国語が話せるだけではいけない」となります。

問題35　次の文の要点を35字以内でまとめなさい。

私たちがテレビなどで日々観ている野球、サッカー、ラグビー、テニス、ボクシングなどはすべて欧米で生まれたスポーツですが、これらが日本に入ってきたのは明治期のことです。

答　欧米で生まれたスポーツが日本に入ってきたのは明治期のことです。

解説
一文の中の論理的関係を考えます。
「これらが日本に入ってきたのは明治期のことです」が要点ですが、「これら」の指示内容を明らかにしなければなりません。
直前の「野球、サッカー、ラグビー、テニス、ボクシングなど」を指しますが、これらは

「欧米で生まれたスポーツ」の具体例にすぎないので、文の要点とは言えません。

そこで、「これら」＝「欧米で生まれたスポーツ」とします。

このように文章は論理的にできているので、要約するときも要点を論理的に整理しなければならないのです。

「国語のルール」
具体と抽象を意識すること。

11

三つの論理の使い方

論理は他者への求愛

ここまで日本語の規則を学習してきました。実は、日本語を規則に従って使いこなすだけでも、すでに論理力を獲得しているのですが、この章ではさらにまとまった文章を論理的に書くためのトレーニングに移っていきます。

ただし、どんな長い文章でも、今まで学習した日本語の規則を駆使するだけで十分論理的な文章を書く地盤はできているので、あとほんの一歩の訓練だけで十分なのです。

人間は主観的な動物で、どんな明晰な頭脳を持っている人でも、自分の感覚、好悪、感情などから自由になることはできません。書き手が主観でもって表現した文章を、読み手が主観を通して読み取ったなら、やはり物事を正確に伝えることはできません。

そこで、論理という言葉の共通の規則を利用する必要があったのです。論理とは、互いに分かり合えない他者に対して、それでも何とか自分の思いを伝えたいとするところから生じたものですから、他者への最後の求愛とも言えるでしょう。

そうした論理を駆使して、正確な文章を書くトレーニングをしていきましょう。

「国語のルール」
他者に向かって文章を書くとき、論理という手段が必要となる。
論理は理解不可能な他者への最後の求愛である。

論理の基本は「イコールの関係」

不特定多数の他者に向けて何かを伝えようとするとき、そこにはその根拠を論証する責任が生じます。そんなことは考慮せずに、ただ自分の主張を書き散らしている文章も散見しますが、それではビジネス文書としては通用しないでしょう。そこで、企画書でも報告書でも、自分の主張に対して、必ず論理的にそれを説明しなければなりません。

といっても、決して難しいことではありません。基本的に、論証の仕方は「イコールの関係」「対立関係」「因果関係」の三つであって、これらはすでに接続語などの使い方で学んできました。それをまとまった文章を書くときに応用すればよいのです。

最初に「イコールの関係」について説明しましょう。

自分の主張を文章にするとき、それを裏付ける証拠を挙げると説得力を増すことができます。それが具体例です。

このとき、「主張」と「具体例」との間には、イコールの関係が成り立ちます。証拠となる具体例を挙げれば挙げるほど、相手は反論することが困難になります。

「たとえば」という言葉の規則がそれです。この言葉がくれば、読み手も「イコールの関係」を意識しますから、それが証拠となる例としてふさわしいものでなければ、当然論理は破綻してしまいます。

企画書や購買者に対する説明書などでは、具体例の代わりに裏付けとなるデータを載せます。そのデータが、説得力のカギとなるのです。

「国語のルール」
主張には、証拠となる具体例が必要である。

数字ばかりの具体例はどうしても堅苦しいものになりがちです。人が興味を抱いて聞き入るのは、やはり身近な体験話です。そこで、自分の体験やエピソードを紹介することになるのですが、ここも必ず「イコールの関係」を頭に置いて下さい。

なかには思いつくまま、あちこちに話が飛んでしまう人がいるのですが、主張したいことを一つに絞って、あくまでそれの裏付けとなる体験話をすべきです。文章を書くときも同じで、人の関心を惹くエピソードは非常に効果的ですが、これはあくまで主張を裏付けるものでなければなりません。


「国語のルール」

体験、エピソードは、読み手の関心を引くのに効果的だが、「イコールの関係」が成り立たなければ逆効果である。


最後に引用。

ときには、人の文章を引用したり、故事などを引いたりすることがあります。これらも自分の主張と同じことを述べている文章の、その該当箇所を引用するのだから、やはり「イコールの関係」だと言えるでしょう。

たとえば、夏目漱石の文章を引用すれば、文豪漱石を味方につけて、その主張に重みを加えることができます。ただし、故事を誤用したり、生半可な知識で引用したりすると、逆に恥をかくことになるので注意が必要です。

「国語のルール」引用は、自分の主張と同じ意見の箇所を適切に。

問題36

夏の夜空の打ち上げ花火を見て、何だか切ないような、悲しいような、そんなはかなさを感じるのは、日本人共通の心情ではないだろうか？　それは古来歌人が「花は散るからこそ美しい」と詠んだその心情と相通じているように思える。つまり、日本人は花が咲けば散る、その一瞬の命のはかなさにこそ美を感じているのだ。そこに、独特の伝統的美感がある。

問　問題文を二つの段落に分け、後半の5文字（句読点を含む）を抜き出しなさい。

答 つまり、日

解説

主張を展開する場合には論証責任が生じます。

文章には、最初に主張を示し、その後に具体例などの論証を挙げる場合と、最初に身近な具体例を挙げて、その後に主張を持ち出す場合とがあります。どちらも「イコールの関係」ですが、その論理パターンを意識することで、文章を読むときも書くときも非常にスムーズになります。

問題文の場合は、まず花火の例から始まります。さらには、筆者は古人の桜に対する心情の例を紹介します。具体例だけでは、何を主張したいのか分からないので、それを一般化した筆者の主張を提示します。次に、「つまり」と一般化するときに使う接続語があるので、日本人は一瞬の命のはかなさに美を感じるというのが、筆者の主張だと分かります。

具体例→主張といった論理展開で、「つまり」以下が主張が提示される後半となっています。

「国語のルール」
文章には、主張→具体例と、具体例→主張といったパターンがある。
具体例から始まった文章は、それを一般化する箇所を探して読め。

「具体と抽象」を意識する

今、主張と具体例を持ち出して、論理的な文章の構造を説明したのですが、文章を書くときに意識してほしいのが、具体と抽象です。

抽象とは個々の共通するものを抜き取ること。その結果、得られたのが一般的概念です。たとえば、目の前に桜が咲いていたとしましょう。自分の庭に咲いた満開の桜は、他の家の桜とはもちろん異なる、この世にたった一本しかない木です。そのたった一本の木が具体だとすれば、世界中の桜的なものを抽象化した言葉が「桜」であって、それゆえ、「桜」という言葉は一般的な概念ということができるでしょう。

名詞も、動詞も、ほとんどは一般的な概念であって、その言葉で目の前の個別具体的なものを表現することができません。そこで、私たちは名詞や動詞に説明の言葉を付け加えることで具体的な表現を試みようとします。

たとえば、「恋」という言葉が世界中の「恋」に共通すると考えられるものを抜き取った普遍的な概念だとすると、詩人はそれに対してたった一つしかない自分だけの恋を語ろうとします。だから、詩人の言葉は自ずと概念語を説明する比喩的なものにならざるを得ないのです。

さて、この抽象と具体を文章全体に拡大して考えてみましょう。ビジネス文書の場合、主張は抽象的なもので、それを論証するという形を取ります。

企画書であれ、レポートであれ、自分個人の女性や、料理、趣味などを表現するわけではありません。新しい商品の企画や販売方法など、誰にでも通用する普遍的、抽象的な内容を提案するわけです。

ところが、人は抽象的な内容ではなかなか心を動かされないものです。人間にとって関心のあるものは自分のことであり、実際の人やものなど身近な存在です。だから、抽象的な主張は、次に具体的に落とし込んで説明しなければなりません。身近な例、つまり、適切な具体例→エピソードを挙げることによって、初めて読み手の心に伝わるのです。

そこで、主張（抽象）＝具体例・エピソード（具体）といった、「イコールの関係」が大切になってきます。

問題37

私が子どものころ、「地球の危機」が盛んに週刊誌などで騒がれていましたが、それは遠い未来の話で、少なくても自分たちが生きている間には起こり得ない、何か遠い話のように思っていました。

ところが、今や、「地球の危機」はまさに目の前に迫り来る問題で、私たちが生きている間に、あるいは、私たちの子どもか孫の代の間に、地球上の全生命体が絶滅する可能性まで囁かれ始めたのです。

問　「地球の危機」とはどういう危機か、それを具体的に説明した次の文の（　）に当てはまる語句を、指示された字数に従って、それぞれ抜き出しなさい。

（　8字　）が（　2字　）するかもしれないという危機。

答　（地球上の全生命体）が（絶滅）するかもしれないという危機。

解説

抽象的な表現は必ずと言ってもいいほど、その後で具体的表現に言い換えられます。そういった「イコールの関係」を頭に置いて、文章を論理的に書いていくのです。

この文章ではまず「私」の子供のころのエピソードをあげ、そのころは「地球の危機」は遠い話のようだったとしています。次に逆接「ところが」で論理の流れを逆転させます。「ところが」から始まる一文の要点が該当箇所です。

> **「国語のルール」**
> **抽象的な主張は、具体に落とし込んで論証せよ。**

説得力を増す「対立関係」

たとえば、「男」という言葉は、「女」という言葉を前提に成り立ちます。「女」がいなければ、そもそも「男」という言葉は存在しません。このように物事は必ず対立するものがその前提にあるのです。

自社の製品を売り込もうとするなら、必ずライバルとなる製品を念頭に置かなければなりません。必要なもので、競合する製品がないなら、何も宣伝などしなくても売れるはずです。他社の製品とどういう点が共通で、どういう点が異なっているのか、それを頭の中で整理したうえで、初めて自社の製品の売り込みが可能になるのです。

自分の主張を繰り返すだけでは、単眼的なもののとらえ方しかできない人間だと見なされることになります。必ず対立するものを意識し、それと比較することによって、自己の主張をより鮮明にしなければならないのです。

そのとき必要な論理が、対比を中心とした対立関係です。

このように文章を書くには、絶えず自分の主張の裏付けとなる具体例と、比較の対象となる対立するものを脳裏に置き、他者を意識しながら論理的に書かなければなりません。社会人にとっては、文学的文章は必要とされませんが、こうした論理的な文章が書けるかどうかが大切な能力の一つとして重要視されます。

問題38
私たち一般の人間は必要に迫られたときしか、物を立ち止まってじっくりと見ないも

のだ。空を見上げて、雲の様子を気にかけるのは、雨が降ると困るときに限られる。そうでなければ、わざわざ雲の動きに注意を払うことはほとんどない。
　芸術家は特に必要がなくても、できるだけ物をよく見ることに努めている人間である。だから、私たちがふだん見ていないものまで、彼らはその美しさ、深さを絶えず観察しているのだ。道ばたにそっと咲いた草花一つでも、私たちが見えていない色や形の美しさを感受している。

問　一般の人たちと芸術家の、物の見方の違いをまとめなさい。

答　一般の人は必要に駆られなければ物をじっくり見ようとしないが、芸術家は必要がなくてもできるだけ物をよく見ようとする。

解説
　筆者の主張はあくまで芸術家についてです。芸術家が必要に駆られなくても、絶えず物をじっくりと観察しているということが言いたかったのです。
　そこで、その具体例として、道ばたに咲いた草花の例を挙げました。

次に、芸術家のそのありようが特別であることを説明するために、今度は一般の人と対比させたのです。もちろん、その証拠として、一般の人が必要に駆られない限り、雲の動きをじっくりと見ることはないという例を挙げています。

このように、ビジネス文書においても、読み手が他者である限り、ただ自分の主張を述べるだけでなく、具体例や対立関係を頭に置いて論を展開しなければなりません。

「国語のルール」
主張には対立関係を意識せよ。

分かりやすい文章のカギは「因果関係」

「地球は丸い」「夏は暑い」など、誰もが思っていることは常識なので、わざわざそれを文章にして論証する必要などありません。そう思っていない人がいるときに、その主張を文章にしなければならないのです。

そこで、自分の主張に対しては、具体例だけではなく、理由付けが必要になります。

「AなぜならB」という論理パターンです。このときは、BはAの理由となります。

それに対して、Aという主張を前提に、次のBという主張を展開したいときは、「AだからB」という論理パターンになります。これを因果関係と言います。そして、このときは、AはBの理由となるのです。

このように、長い文章を書くときでも、すでに接続語で学習した「なぜなら」「だから」という言葉の使い方が生きてきます。少し長い文章や、複雑な文章では、一つの主張を繰り返すだけでなく、AからBへと主張が展開されることが多いのです。そのとき、頭に置かなければならないのが、理由付けと因果関係です。

問題39

私たちは今まで西洋を手本に、その成功例を模倣しようとしてきた。ところが、今やそれがうまくいかないことがしばしば起こってきている。

なぜうまくいかないのか?

何かを手本とすることは、他の方法を考えることをしなくなるということである。今の時代は激変し続けているので、新しい方法を考えなくなると当然失敗する可能性が高くなる。

今、日本中、いたるところで起こっている問題は、成功例にしがみつくあまり、新しく起こった事態に対して、新しい方法を考えることができなくなっていることに起因する。

問　この文章の論理展開を次のようにまとめたとき、（　）に言葉を入れて、文を完成させなさい。

A　今、西洋の成功例をお手本にすることがうまくいかなくなっている。

理由↓（　　1　　）。

↓（だから）

B　激変する現代において、新しく起こった事態に対し、新しい方法を考えることができなくなったから、（　　2　　）。

答　1　他の方法を考えなくなるから　2　至る所で問題が起こっている

解説

「今まで西洋の成功例を手本にしていたのが、今やそれがうまくいかなくなっている」ことが、主張Ａです。

それに対して、理由を明記しなければなりません。そこで、「成功例を手本にすると、他の方法を考えなくなるから」と理由付けをしたのです。

次に、それを前提に、主張Ｂ「激変する今、いたるところでさまざまな問題が起こっている」と次に論を展開しています。Ａ↓Ｂの因果関係です。もちろん、その理由は、「新しい方法を考えることができないから」となります。

このように論理的な文章を書くには、いつも「理由付け」「因果関係」を意識して論を展開する必要があります。それが不十分だと、「論理の飛躍」となってしまうのです。

「国語のルール」
主張には理由付けが必要である。
主張Aと主張Bとの間には、因果関係が成り立つ。

長い文章を段落で読みやすく

段落には二種類あります。

「形式段落」は改行して一字下げた文章のまとまりのことで、「意味段落」は論理展開から分けるものです。

実は、英語にはこうした形式段落といった発想はありません。英語の一つのパラグラフ（段落）には主張と具体例、理由付けなどがあり、主張が変わると必ず次のパラグラフに移らなければなりません。

それに対して、日本語の文章では、論理展開から行替えをする意味段落とは別に、意味上は大きく主張が変わっていなくても、ある程度一段落の字数が増えたときには形式段落が使われます。形式段落ではおもに視覚的効果が狙われます。内容的には段落を変える必要がない場合でも、見た目の美しさや、読みやすさを重視し、行替えを多用していきます。

最近は、メールやブログなど、携帯電話などの小さな画面で文章を読むことが多くなり、小さな画面に文字情報が多くなると読みにくいため、あえて空白を多く用いて、読みやすくなる工夫をしている文章が多くなりました。そうした場面に応じて文章を自分でデザインし、より美しく、読みやすくすることも必要になってきました。

問題40

人の体とは不思議なものである。自分の顔も体も確かに自分が所有しているものである。そういった意味では、体は確かに自分に最も近い存在である。ところが、私たちは自分の後頭部や背中を見ることができない。自分の顔も鏡に映して見ることはできても、直接には見ることができないのだ。そういった意味では、体は自分に最も遠い存在とも言える。顔は最も遠い存在であるにもかかわらず、コントロール不可能な感情や気分を自分の意志とは無関係に映し出している。何とも無防備なことだ。

問　問題文を四つの段落に分けて、第二、三、四段落冒頭の5文字（句読点を含む）をそれぞれ抜き出しなさい。

答　自分の顔も・ところが、・顔は最も遠

解説

冒頭の「人の体とは不思議なものである」が筆者の主張で、以下、論証責任を果たしていきます。なぜ不思議かというと、自分に最も近い存在であると同時に、自分に最も遠い存在であるからです。「自分の顔も」からが「最も近い存在」の説明で、「ところが」からが「最も遠い存在」の説明になっています。ここまでで、三つの段落。そして、最後は顔が自分の感情や気分を表しているのに、無防備だ、と次の主張を提示しています。


「国語のルール」

日本語は意味段落と別個に、形式段落がある。

長い文章は形式段落により自由にデザインせよ。

12

国語のテスト

ここまで、日本語の文法という規則をひととおり学習してきました。どれも学校の国語の時間に学習ずみのものです。これらの規則は、無味乾燥な決まりごとではなく、論理的な話し方、論理的な読み方、論理的な書き方をするための土台になるものです。

ビジネスマンの日常生活は突き詰めれば、情報を読み取り、人と話して、メールや企画書を書くなど、結局、「話す」・「読む」・「書く」・「考える」の繰り返しと言えるでしょう。国語を学ぶことは、そうした能力を大きく伸ばす力となります。

こうした国語の規則がどれほど身についたのか、総合問題で確認していきましょう。

寺田寅彦の「科学者と芸術家」という文章で、国語のテストを作ってみました。寺田寅彦はおもに大正期から昭和初期にかけて、日本を代表する地球物理学者でした。同時に、夏目漱石門下の文筆家としても有名です。

科学と芸術の世界にともに通じた寺田寅彦の名文を読んでいきましょう。

問題41

芸術家にして科学を理解し愛好する人も無いではない。また科学者で芸術を鑑賞し享

楽する者もずいぶんある。しかし芸術家の中には科学に対して無頓着であるか、あるいは場合によっては一種の反感をいだくものさえあるように見える。また多くの科学者の中には芸術に対して冷淡であるか、あるいはむしろ嫌忌《けんき》の念をいだいているかのように見える人もある。場合によっては芸術を愛する事が科学者としての堕落であり、また恥辱であるように考えている人もあり、あるいは文芸という言葉からすぐに不道徳を連想する潔癖家さえまれにはあるように思われる。

科学者の天地と芸術家の世界とはそれほど相いれぬものであろうか、これは自分の年来の疑問である。

問　傍線部「科学者の天地と芸術家の世界とはそれほど相いれぬものであろうか、これは自分の年来の疑問である」とあるが、この後に続く内容を論理的に予測せよ。

答 科学者と芸術家の世界には共通点がある。

解説

筆者は現状認識として、科学者と芸術家が互いに相反する世界にいると考えていると指摘しています。

ところが、傍線部が問題提起であり、筆者は決してそうは思っていないことが、「これは自分の年来の疑問である」と述べていることから分かります。

以下、筆者は科学者と芸術家が共通の世界にいることを論証しなければなりません。

「国語のルール」
論理力とは先を予想する力である。

問題42

夏目漱石先生がかつて科学者と芸術家とは、その職業と嗜好を完全に一致させうるという点において共通なものであるという意味の講演をされた事があると記憶している。もちろん芸術家も時として衣食のために働かなければならぬと同様に、科学者もまた時として同様な目的のために自分の嗜好に反した仕事に骨を折らなければならぬ事がある。（　）そのような場合にでも、その仕事の中に自分の天与の嗜好に逢着《ほうちゃく》して、いつのまにかそれが仕事であるという事を忘れ、無我の境に入りうる機会も少なくないようである。いわんや衣食に窮せず、仕事に追われぬ芸術家と科学者が、それぞれの製作と研究とに没頭している時の特殊な心的状態は、その間になんらの区別をも見いだしがたいように思われる。しかしそれだけのことならば、あるいは芸術家と科学者のみに限らぬかもしれない。天性の猟師が獲物をねらっている瞬間に経験する機微な享楽も、樵夫が大木を倒す時に味わう一種の本能満足も、これと類似の点がないとはいわれない。

問　（　）に入る言葉を次の選択肢から選びなさい。

そして　だから　しかし　つまり　さて

答　しかし

解説

今の段階で証明すべき筆者の主張は、「科学者と芸術家が同じ世界の人間である」ということです。そこで、師匠である夏目漱石の文章を引用します。ともに好きなことを仕事にしている点では共通だと、漱石は指摘しています。

空所の直前で、芸術家や科学者もときには食べるために嫌な仕事をすることがあると、対立意見を持ち出しています。対立意見を持ち出したのは、あくまでそれを否定することで、自分の主張を説得力のあるものにするためです。

そこで、（　）には逆接の「しかし」が入ることになります。たとえ衣食住のためにした仕事でも、それに没頭したときの心的な状況は共通だと言うのです。

このようにあえて一歩譲って対立意見を持ち出すのを、譲歩と言います。もちろん、その後に逆接を伴い、それを否定していくのです。対立意見の否定が、そのまま自分の主張を肯定することにつながるのです。

さて、もう一箇所譲歩をしていますね。芸術家と科学者の世界の共通点は製作や研究に没頭するときの心的状況であると述べながら、次に、それだけならば猟師が獲物を狙うときや、木こりが木を切り倒す瞬間と同じだと指摘したのです。

「国語のルール」
譲歩して対立意見を持ち出す場合は、逆接の接続詞の後でひっくり返して反論する。

問題43

しかし科学者と芸術家の生命とするところは創作である。他人の芸術の模倣は自分の芸術でないと同様に、他人の研究を繰り返すのみでは科学者の研究ではない。もちろん両者の取り扱う対象の内容には、それは比較にならぬほどの差別はあるが、そこにまたかなり共有な点がないでもない。科学者の研究の目的物は自然現象であってその中になんらかの未知の事実を発見し、未発の新見解を見いだそうとするのである。芸術家の使命は多様であろうが、その中には広い意味における天然の事象に対する見方とその表現の方法において、なんらかの新しいものを求めようとするのは疑いもない事である。

（　）科学者がこのような新しい事実に逢着した場合に、その事実の実用的価値には全然無頓着に、その事実の奥底に徹底するまでこれを突き止めようとすると同様に、少なくも純真なる芸術が一つの新しい観察創見に出会うた場合には、その実用的の価値などには顧慮する事なしに、その深刻なる描写表現を試みるであろう。古来多くの科学者がこのために迫害や愚弄の焦点となったと同様に、芸術家がそのために悲惨な境界に沈《ちん》淪《りん》せぬまでも、世間の反感を買うた例は少なくあるまい。このような科学者と芸術家とが相会うて肝胆相照らすべき機会があったら、二人はおそらく会心の握手をかわすに躊躇しないであろう。二人の目ざすところは同一な真の半面である。

1 傍線部「もちろん両者の取り扱う対象の内容には、それは比較にならぬほどの差別はあるが、そこにまたかなり共有な点がないでもない」の具体例はどこまでか。その末尾（句読点を含む）を抜き出しなさい。

2 （　）に入る言葉を、次の選択肢から選びなさい。

または　また　たとえば　つまり

答 1 事である。 2 また

解説

1 筆者は科学者と芸術家の世界の共通点として、創作を持ち出します。たしかに、猟師や樵夫は創作に従事しているわけではありません。好きなことを仕事とし、研究や創作に没頭し、しかも、創作となると、科学者と芸術家は一見両極の世界にいるように見えて、非常に近い世界にいるというのです。

傍線の「両者の取り扱う対象の内容」を具体的に述べているのはその直後で、科学者は自然現象、芸術家は天然の事象を取り扱うとしているところです。

ただし、両者の扱う内容は異なっても、科学者は未知の事実や未発の新見解を見いだそうとし、芸術家は新しい見方と表現方法を求める点では共通だとしています。そこで、（　）の直前までが具体例だと分かります。

2（　）の直前が、両者が新しいものを見いだそうとしている点で共通だとしているのですが、（　）の直後もやはり共通点を指摘しています。両者ともに、新事実や新しい観察に出会ったときは、損得を忘れてそれに没頭する点で同じ世界に属しているのですから、（　）には並列の「また」が入ります。

「または」は選択で、どちらか一方を選ぶ場合なので、×。

最後に、筆者は二人は互いに相反する世界にいると思っているが、肝胆相照らす機会があったなら、会心の握手をかわすだろうとしています。

「国語のルール」
「また」は並列で、「または」は選択。

問題44

世間には科学者に一種の美的享楽がある事を知ら（1）人が多いようである。しかし科学者には科学者以外の味わう事のできぬような美的生活がある事は事実である。たとえば古来の数学者が建設した幾多の数理的の系統はその整合の美においておそらくあらゆる人間の製作物中の最も壮麗なものであろう。物理化学の諸般の方則はもちろん、生物現象中に発見される調和的普遍的の事実に（2）、単に理性の満足以外に吾人の美感を刺激する事は少なくない。ニュートンが一見捕捉しがたいような天体の運動も簡単な重力の方則によって整然たる系統の下に一括される事を知った時には、実際ヴォルテーアの謳《うた》ったように、神の声と共に渾沌は消え、闇の中に隠れた自然の奥底はその帷帳《とばり》を開かれて、玲瓏《れいろう》たる天界が目前に現われたようなものであったろう。フォークトはその結晶物理学の冒頭において結晶の整調の美を管弦楽にたとえている（3）、また最近にラウエやブラグの研究によって始めて明らかになった結晶体分子構造のごときものに対しても、多くの人は一種の「美」に酔わされぬわけに行かぬ事と思う。この種の美感は、たとえば壮麗な建築や崇重な音楽から生ずるものと根本的にかなり似通ったところがあるように思われる。

問（　）に入る言葉を、次の選択肢から選びなさい。

とがはもぬ

答 1ぬ　2も　3が

解説

科学者にも芸術家同様の美的生活があることを、さまざまな具体例を挙げて説明した箇所です。設問は、助動詞、助詞の使い方についてです。

（1）の直後、逆接の「しかし」で、科学者でも美的生活がある、と直前の内容をひっくり返しているので、打ち消しの「ぬ」が入ります。

科学者の美的生活の例で、（2）の直前は古来の数学者が挙げられています。それを前提に、（2）の直後ではさらに美的生活の例を挙げているので、「も」が答え。

（3）は、前後の文をつなぐ接続助詞の「が」。

「国語のルール」

「ぬ」は打ち消しの助動詞。

「も」は類似した事物を並べて提示する係助詞。

「が」は文と文、語句をつなげる接続助詞。

問題45

また一方において芸術家は、科学者に必要なと同程度、もしくはそれ以上の観察力や分析的の頭脳をもっていなければなるまいと思う。この事はあるいは多くの芸術家自身には自覚していない事かもしれないが、事実はそうでなければなるまい。いかなる空想的夢幻的の製作でも、その基底は鋭利な観察によって複雑な事象をその要素に分析する心の作用がなければなるまい。もしそうでなければ一木一草を描き、一事一物を記述するという事は不可能な事である。そしてその観察と分析とその結果の表現のしかたによってその作品の芸術としての価値が定まるのではあるまいか。ある人は科学をもって現実に即したものと考え、芸術の大部分は想像あるいは理想に関したものと考えるかもしれないが、この区別はあまり明白なものではない。広い意味における仮説なしには科学は成立し得ないと同様に、厳密な意味で現実を離れた想像は不可能であろう。科学者の組み立てた科学的系統は畢竟《ひっきょう》するに人間の頭脳の中に築き上げ造り出した建築物製作品であって、現実その物でない事は哲学者をまたずとも明白な事である。また一方において芸術家の製作物はいかに空想的のものでもある意味において皆現実の表現であって天然の方則の記述でなければならぬ。俗に絵そら事という言葉があるが、立派な科学の中にも厳密に詮索すれば絵そら事は数えきれぬほどある。科学の理論に用いらるる方便仮説が現実と精密に一致しなくてもさしつかえがないならば、いわゆる絵そら事も少しも虚偽ではない。分子の集団から成る物体を連続体と考えてこれに微分方程式を応用するのが不思議でなければ、色の斑点を羅列して物象を表わす事も少しも不都合ではない。

問　問題文を二つに分けるとすれば、後半はどこからか。後半の初めの5文字（句読点を含む）を抜き出しなさい。

答 ある人は科

解説

段落は論理展開から分けます。前問に続いて、筆者は今度は一見美的生活しかないように思える芸術家にも、科学者と同様に、「観察力や分析的の頭脳」が必要であることを指摘しています。

後半は、「ある人は科学」からで、科学は現実に即したもの、芸術は想像に即したものと、対立する意見を紹介しながら、筆者はこれもひっくり返していきます。

「国語のルール」段落分けは論理展開から。

結局、筆者の主張は科学者と芸術家の世界は互いに相反するものに思っているが、実は両者は最も近い世界にいるということで、それを対立意見を持ち出してひっくり返したり、さまざまな具体例を持ち出したりと、「イコールの関係」「対立関係」を駆使して論証しているのです。

これが論理的な文章の構造です。この評論はもう少し長く続くのですが、最後に末尾の結論部分を挙げておきます。

科学者と芸術家が別々の世界に働いていて、互いに無頓着であろうが、あるいは互いに相反目したとしたところが、それは別にたいした事でもないかもしれない。科学と芸術それぞれの発展に積極的な障害はあるまい。しかしこの二つの世界を離れた第三者の立場から見れば、この二つの階級は存外に近い肉親の間がらであるように思われて来るのである。

寺田寅彦「科学者と芸術家」

ここまで、寺田寅彦の古典的名著を紹介しました。このように論理的に書かれている文章は、私たちも論理的に読むことができます。国語で習った日本語のルールをおろそかにすることなく、正確で、分かりやすいビジネス文書を書くことができたら、次は、名文の論理力に学び、自分でも論理的に表現できるように努力していきたいものです。

おわりに

国語には、日本語の規則に従って、言葉を論理的に活用する側面と、人生や世の中を答えのない世界の中で深く洞察し、思考する面という二つの相反する面があります。

ただし、後者は前者が前提となって初めて成立することです。正確な読解なしには、物事を深く思考することなどできません。

本書では、国語の規則や論理力を駆使して、正確で分かりやすいビジネス文書を書くためのトレーニングをしてきました。高校までに学習してきた国語が、いかに実践で必要な武器を提供してくれていたか、改めて実感できたのではないでしょうか。

私たちは生涯にわたって日本語を使って生活をします。さらにビジネスにおいても、あらゆる知的活動において日本語の力が必要です。その日本語の力は、小学校から高校まで、12年間に及ぶ国語の時間に鍛えてきたはずです。そうやって培ってきたはずの国語力をもう一度取り出して、再度社会人のために使えるものに磨き上げようとトレーニングすることが、本書の狙いです。

日本語の力は習熟することで初めて生かされます。日本語の規則や論理を意識しているうちは、まだそれを身につけたとは言えません。日本語の規則に従った話し方、文章の書き方が無意識のうちにできるようになって初めて、国語力を獲得したと言えるのです。

そこにいたるまで、本書を繰り返し読んでみて下さい。

日本語の使い方を変えることは、頭の使い方を変えることです。それは、物のとらえ方を変えることに他なりません。その結果、あなたの人生までも変わってしまうと言っても過言ではありません。

2014年9月

出口　汪

出口汪（でぐち・ひろし）
1955年東京生まれ。関西学院大学大学院文学研究科博士課程修了。広島女学院大学客員教授、論理文章能力検定理事、東進衛星予備校講師。代々木ゼミナール、東進ハイスクールなどで大学受験の現代文講師を務め、『システム現代文』シリーズなどベストセラー参考書を多数執筆。一般向けにも『日本語の練習問題』（サンマーク出版、2013）、『東大現代文で思考力を鍛える』（大和書房、2013）など著書多数。
http://www.deguchi-hiroshi.com/

日経文庫1294

ビジネスマンのための国語力トレーニング

2014年10月15日　1版1刷
2015年3月5日　　3刷

著　者　出口　汪
発行者　斎藤修一
発行所　日本経済新聞出版社
http://www.nikkeibook.com/
東京都千代田区大手町1-3-7　郵便番号100-8066
電話　(03) 3270-0251（代）

装幀　松田行正＋杉本聖士
組版　タクトシステム
印刷　広研印刷・製本　星野製本

ISBN978-4-532-11294-3